CALLWEY
D1675635
vord. Vorsatz 135982 // Georg D. W. Callwey GmbH

DAS *MAMA-KOCHBUCH*

101 REZEPTE & TIPPS

für MAMA & BABY –
von der Schwangerschaft
bis zum 3. Lebensjahr

HANNAH SCHMITZ

CALLWEY

Für alle Mamas dieser Welt.

EINLEITUNG
S. 8

SCHWANGERSCHAFT
S. 12

WOCHENBETT
S. 64

6 WOCHEN – 6 MONATE
S. 108

6 MONATE – 1 JAHR
S. 148

1 JAHR – 3 JAHRE
S. 198

REGISTER
S. 250

DIE AUTORIN / IMPRESSUM
S. 254

EINLEITUNG

Liebe Mamas, egal ob ihr schwanger seid, euer Baby schon da ist oder ihr bereits mehrere Kinder habt, eins kommt euch allen wahrscheinlich bekannt vor: Plötzlich scheinen die Experten wie Pilze aus dem Boden zu schießen. Jeder hat seine Meinung zu den unterschiedlichsten Themen rund um Schwangerschaft, Baby und natürlich auch Essen. Und jeder hält seine für die richtige. Das ist einerseits sehr schön, weil man sich ja alle Tipps und Tricks aneignen möchte, gucken, wie es bei anderen ist, und austauschen – aber manchmal ist das Ganze auch ziemlich verwirrend. Dabei ist es ganz egal, wie ihr es macht. Stellt euch darauf ein: Nichts und niemand ist perfekt und es gibt bei allem immer Vor-, aber genauso Nachteile. Mama sein ist toll und wunderbar, manchmal jedoch auch ziemlich anstrengend und nervenraubend. Oft alles zusammen innerhalb weniger Minuten. Da bildet auch das Thema „Essen“ keine Ausnahme. Die Fragen, ob man alles „richtig“ macht, gehen los, sobald man erfährt, dass man schwanger ist. Und es hört nicht auf, wenn das Baby älter wird.
Lasst euch von den vielen verschiedenen Ratschlägen nicht verrückt machen. Zugegeben – die Erkenntnis ist nicht die neueste, aber sie bleibt trotzdem unheimlich wertvoll:

Jedes Baby ist einzigartig. Klar. Aber nicht zu vergessen: Jede Mama ist es auch.

Deswegen gibt es nicht den einen richtigen und die anderen falschen Wege. Es gibt nur „anders“. Das gilt natürlich für die Ernährung wie für alles andere auch. Hauptsache, ihr habt Vertrauen in euch. Denn im Endeffekt wisst nur ihr, was das Beste für euch und euer Baby ist.
Tut das, was am wichtigsten ist: Entspannt euch und macht all das, was euch guttut. Esst, was euch schmeckt und wobei ihr euch wohlfühlt. Eine Vielfalt an Rezepten, die Lust am Essen wecken und die man guten Gewissens genießen kann, soll dieses Buch liefern. Aber es soll auch durch die verschiedenen Phasen begleiten, die ihr mit eurem Baby durchlebt, und euch dabei immer wieder bewusst machen: Vertraut eurem Gefühl und eurem Kind. Das, was eure Intuition euch rät, ist gut und richtig.

ANMERKUNGEN & ALLGEMEINES

- Ein Esslöffel fasst 15 ml, ein Teelöffel fasst 5 ml.
- Es werden immer Bio-Eier (Größe L) verwendet.
- Bei den Ofeneinstellungen handelt es sich generell um Umluft. Wer Ober- und Unterhitze verwendet, addiert einfach 20 °C hinzu.
- Gemüse und Obst sollten immer geputzt und gewaschen sein.
- Milch kann in jedem Rezept durch eine vegane Alternative, zum Beispiel Soja- oder Mandelmilch, ersetzt werden.
- Rohes Ei kann, sofern es nicht durchgehend gekühlt wird, zu einer Salmonelleninfektion führen. Es stellt ein besonderes Risiko für Ältere, Schwangere, kleine Kinder und Menschen mit einer Immunerkrankung dar.
- Die altersmäßige Aufgliederung in den Kapiteln orientiert sich an Richtwerten. Abweichungen sind vollkommen normal und kein Grund zur Panik.
- Bei einem individuellen Speiseplan für die Schwangerschaft helfen Hebamme oder Ernährungsberaterin.

Beim Essen kann schon mal das eine oder andere danebengehen. Wenn man aber nach jeder Mahlzeit die Küche grundreinigen muss, schwindet der Spaß an den gemeinsamen Familientischrunden. Jeder entwickelt seine eigene Strategie, um damit fertigzuwerden. Hier kommen meine Tipps zum Thema „Schadensbegrenzung“:

- Angelegt wird ein besonders langes Lätzchen, das man unter den Teller stellt.
- Wenn man auf Nummer sicher gehen will, zieht man darunter ein zweites Lätzchen mit Ärmeln oder man krempelt einfach die Ärmel des Babys hoch.
- Ich setze mich mit einem feuchten und einem trockenen Lappen an den Tisch. Mit dem feuchten Lappen kann ich bei Bedarf zuerst das Kind, dann den Tisch, dann den Stuhl und zum Schluss, wenn das Essen vorbei ist, den Boden abwischen. Mit dem trockenen Handtuch wische ich – falls nötig – nach.
- Wann immer ich Lust und Nerven habe, lasse ich meine Kleine „einfach nur machen“. Ich denke, das macht ihr Spaß, und im schlimmsten Fall stecke ich sie danach in die Badewanne. So what?! Geputzt wird hinterher.

SCHWANGERSCHAFT

Egal ob Essen für euch bisher die Haupt- oder Nebenrolle gespielt hat, in der Schwangerschaft gewinnt es an Bedeutung: Denn alles, was ihr esst, wirkt sich von nun an auf die **GESUNDHEIT UND DIE ENTWICKLUNG** eures Kindes (bzw. Kinder) aus. Die Zugeständnisse, die euch die nächste Zeit abverlangt, beginnen bereits beim Essen. Kein Rohmilchkäse – also ist der Ziegenbrie gestrichen; kein Koffein – also verzichtet man nicht nur auf den allmorgendlichen Cappuccino, sondern macht sich auch Gedanken, ob der grüne Tee in Kombination mit der Schokotarte das Baby im Bauch zwei Tage nicht schlafen lässt. Alkohol ist sowieso tabu, am besten auch kein Schluck Sekt zum Anstoßen. Sushi? Was für eine Frage! Roher Fisch – offensichtlich ein No-Go! Vorsichtshalber verzichtet man auch auf den Rohschinken und jedes Stück Fleisch muss bis zur Unkenntlichkeit durchgegart werden. Diese **VORSICHTS-**

MASSNAHMEN sind natürlich alle berechtigt und offenbar Grund genug, den gesunden Menschenverstand einzuschalten, aber dennoch ist die Gratwanderung nicht immer einfach. Denn auch wenn der Prozentsatz von Komplikationen in der Schwangerschaft aufgrund falscher Ernährung (Toxoplasmose oder Listeriose) noch so klein ist, man möchte nicht dazugehören. Wie bei allem geht es um die **RICHTIGE BALANCE**. Natürlich müssen diejenigen unter euch, die auf Toxoplasmose negativ getestet wurden, etwas mehr aufpassen. Wichtig für eure Gesundheit und die eures Babys ist, dass ihr auf **GUTE QUALITÄT** der Produkte achtet und abwechslungsreich esst. Auch deshalb, weil wir von der Schwangerschaft an den Geschmacksinn unserer Kleinen prägen. Wem der „sichere" Ernährungsplan ab und an zu einseitig erscheint, dem hilft manchmal auch ein Blick in die Vergangenheit oder in andere Länder. Was essen Schwangere in Japan oder Frankreich? Wie war es vor 100 Jahren? Anstatt sich von gut gemeinten Ratschlägen und Tausenden von Ratgebern verunsichern zu lassen, **ENTSPANNT EUCH**, beachtet ein paar einfache Regeln und – vor allem – hört auf euer **BAUCHGEFÜHL**!

MUNTERMACHER

VIETNAMESISCHER GURKENSALAT S. 18
BORSCHTSCH MIT LACHS S. 20
GRÜNER SAFT S. 22
REISNUDELSUPPE MIT GARNELEN UND LIMETTE S. 24

GUTES GEWISSEN

GEGRILLTER SPARGEL MIT SARDELLENBUTTER S. 28
KNUSPRIGE POLENTA MIT GESCHMORTEN TOMATEN S. 30
ZUCCHINI-BANANEN-MUFFINS S. 32
LINSENSUPPE MIT KUMIN UND GEBRANNTER BUTTER S. 36

GELÜSTE

TRÜFFEL-LINGUINE S. 40
BANANE IM SPECKMANTEL S. 42
EISCREME MIT SNICKERSSAUCE S. 44
BANOFFEE MIT MALZSCHOKOLADE S. 46

SODBRENNEN-BLOCKER

SPANISCHE MANDELSUPPE S. 50
PELLKARTOFFELN MIT KRÄUTERQUARK S. 52
MILDES HUHN MIT CONGEE S. 54
SMØRREBRØD S. 56

GEBURTSSPECIAL

GEBURTSPROVIANT FÜR MAMA UND PAPA S. 58

HAMSTEREINKÄUFE FÜRS WOCHENBETT

VORRATSLISTE FÜRS WOCHENBETT S. 61
KUCHEN BACKEN VOR DER GEBURT: ZITRONENKUCHEN S. 62

MUNTERMACHER

Sobald man herausgefunden hat, dass man schwanger ist, geht es bei der ein oder anderen auch schon los: plötzliche **ÜBELKEITSATTACKEN** bei Gerüchen, **SCHNAPPATMUNG** nach zehn Stufen, das andauernde Gefühl, zwei Liter Sauerkrauteintopf verputzt zu haben. **RÜCKENSCHMERZEN**, als ob ihr bereits eine große Kugel vor euch hertragen würdet. Übertrieben? Vielleicht, aber den meisten kommt das ein oder andere Wehwehchen bekannt vor. Komisch, man kann doch von außen noch gar nichts sehen? Als ob der Körper einem sagen will: „Hallo, hier passiert gerade was, schenk mir Aufmerksamkeit!" Den Grund dafür liefern die **HORMONE**. Die Produktion läuft nämlich bereits auf Hochtouren. Schließlich seid ihr gerade dabei, die Batterie (Plazenta) fürs Baby aufzubauen. Und das braucht **ENERGIE**. Für diese Phase der Schwangerschaft sind leichte, bekömmliche Gerichte voller **VITAMINE** und **FOLSÄURE** genau das Richtige. Here we go!

Vietnamesischer Gurkensalat

FÜR 2–4 PERSONEN

1 Gurke
1 Zwiebel
Saft von 1 Limette
2 Esslöffel Reisessig
2 Esslöffel Zucker
2 Esslöffel Fischsauce (Nam Pla)
1 kleines Bund Minze, grob gehackt
2 Esslöffel gesalzene und geröstete Erdnüsse, grob gehackt

MAMA-TIPP:

Gurke wirkt entwässernd und Erdnüsse sind voller Folsäure. Aber falls ihr keine Bio-Gurke verwendet, schält bitte die Gurke vor dem Schneiden.

Diesen Salat hat meine Mutter oft für uns beide zwischendurch oder als knackige Beilage zu einem Wok-Gericht zubereitet. Bis heute einer meiner Sommerfavoriten! Eine erfrischende Wohltat bei den drückenden und feuchten Wetterverhältnissen. Er bringt einen aber genauso gut im Winter wieder hoch. So einfach und so lecker! Das Rezept reicht für zwei Personen als Snack und für vier Personen als Beilagensalat.

Gurke gut waschen und der Länge nach halbieren. Messer oder Hobel schräg ansetzen und die Hälften in dünne, längliche Scheiben schneiden. Die Zwiebel schälen, halbieren und eine Hälfte in hauchdünne Halbmonde aufschneiden. Die restliche Zwiebel in Folie schlagen und im Kühlschrank für einen anderen Zweck verwahren.
In einer Salatschüssel Limettensaft, Reisessig, Zucker und Fischsauce verquirlen. Gurke und Zwiebel hinzugeben und gut vermischen.
Auf Teller verteilen und mit Minze und Erdnüssen bestreuen.

Borschtsch *mit* Lachs

FÜR 4 PERSONEN

1 kleine Zwiebel
2 Knoblauchzehen
1 daumengroßes Stück Ingwer
2 Esslöffel Olivenöl plus mehr zum Beträufeln
2 Karotten (ca. 200 g)
450 g Rote bzw. bunte Bete, gekocht und geschält
1 Liter Wasser oder Brühe
1 Esslöffel Fischsauce (vegane Variante: Sojasauce)
Salz
300 g Lachsfilets, ohne Haut
4 Esslöffel Crème fraîche oder saure Sahne
2 Esslöffel Dill, gehackt

Ich mag Borschtsch. Er ist eine gesunde, schmackhafte und – wie ich finde – auch unterschätzte Suppe. Aber während der Schwangerschaft war er mir doch zu „kohllastig" und damit zu blähend. Also lasse ich bei dieser Version einfach den Kohl weg und füge stattdessen etwas anregenden Ingwer hinzu.

Zwiebel, Knoblauch und Ingwer schälen und grob hacken.
In einem mittelgroßen Topf 1 Esslöffel Olivenöl bei mittlerer Stufe erhitzen und Zwiebeln, Knoblauch und Ingwer 5 Minuten schmoren, bis die Zwiebeln glasig sind. Dabei gelegentlich umrühren. Karotten schälen und mit der Bete in grobe Würfel schneiden. Zu den Zwiebeln geben und mit Brühe aufgießen. Einmal aufkochen lassen und dann zugedeckt bei niedriger Temperatur 15 Minuten köcheln lassen.
Die Suppe mit dem Pürierstab mixen, bis die Masse cremig und homogen ist. Mit Fischsauce und Salz abschmecken. Lachs hinzugeben und je nach Dicke der Filets 8–10 Minuten in der Suppe bei geringer Hitze gar ziehen lassen. Lachs auf einen Teller legen und zur Seite stellen.
Suppe auf die Teller verteilen. Jeweils mit einem Klecks Crème fraîche toppen. Den Lachs darauf geben, mit Olivenöl beträufeln und mit Dill bestreut servieren.

MAMA-TIPP:

Mit seinen langkettigen Omega-3-Fettsäuren ist Lachs genau das Richtige für uns. Ebenso gut sind fettreiche Fische wie Sardinen und Makrelen. Die sollten am besten zweimal die Woche auf der Speisekarte stehen. Durchgegart, aber nicht bis zur Unkenntlichkeit gebraten, versteht sich.

Grüner Saft, der *Erste*

Das sogenannte „Juicen“ war und ist in New York ein Riesending. Saftbars gibt es an jeder Ecke. Im Supermarkt und in den Cafés. Ein großer Trend, dem man scheinbar nicht entkommen kann. Ich war am Anfang eher skeptisch. Warum das ganze Zeug entsaften und die Hälfte wegschmeißen? Wenn man das Obst oder Gemüse einfach so isst, hat man doch viel mehr davon. Bis ich mich eines Tages dazu hinreißen ließ und mir einen sündhaft teuren „Green Juice“ bestellte. Ich muss zugeben, dass mir der Saft nicht nur schmeckte, er wirkte sogar wie ein kleiner Kick. In der Schwangerschaft gönnte ich mir hin und wieder mal einen Saft „to go“. Aber da mir dieses Vergnügen auf Dauer zu teuer wurde, kaufte ich mir einen Entsafter. Sozusagen als Investition in die Zukunft.

ERGIBT CA. 0,75 LITER

½ Gurke
1 Zitrone
3 grüne Äpfel
200 g Stangensellerie ohne Blätter

Alle Zutaten im Entsafter entsaften, umrühren und am besten sofort trinken. Oder in Flaschen abfüllen und für den nächsten Ausflug im Kühlschrank aufbewahren.

Grüner Saft, der *Zweite*

Eine beliebte Variante des „Green Juice“. Dem Grünkohl werden in New York fast schon magische Kräfte zugesprochen. Also nichts wie ran an die Entsafter. Juice it, Baby!

ERGIBT CA. 0,75 LITER

100 g Grünkohl
½ Gurke
1 Limette
100 g Ananas

Alle Zutaten im Entsafter entsaften, umrühren und am besten sofort trinken. Oder in Flaschen füllen und im Kühlschrank aufbewahren. Der nächste Ausflug kommt bestimmt!

MAMA-TIPP:

Entwarnung! Man kann frischen Saft zu Hause auch ohne Entsafter genießen. Dazu alle Zutaten mit einem Mixer und einem Schuss kaltem Wasser pürieren. Ein feines Sieb mit einer Stoffwindel auskleiden und eine Schüssel darunterstellen. Die Saftbasis hineingießen und mithilfe eines Löffels die Mischung durch das Sieb drücken. Der letzte Rest Flüssigkeit lässt sich auch aus dem Tuch herauswringen. Die Gemüserückstände kann man aufheben und unter Backwaren, wie z. B. Muffins, mischen.

Reisnudelsuppe *mit* Garnelen *und* Limette

FÜR 1 HUNGRIGE PERSON ODER 2 PERSONEN

100 g Reisnudeln (ich bevorzuge hier dickere Bandnudeln, Vermicelli eignen sich aber genauso)
500 ml Wasser
1 Pho-Ga-Hühnersuppenbrühwürfel (aus dem Asiamarkt)
100 g Garnelen
1 milde Chilischote, in feine Ringe geschnitten
2 Zweige Koriander, Blätter gezupft
2 Zweige Minze, Blätter gezupft
½ Limette, geviertelt

MAMA-TIPP:

Bitte Garnelen von guter Qualität kaufen. Die anderen sind einfach zu stark mit Antibiotika und vielen anderen Zusätzen belastet.

Ich liebe diese Suppe. Mir macht das Pulen der Garnelen nichts aus, falls es euch in diesem Punkt anders geht, schält sie am besten vor dem Blanchieren. Oder ihr kauft bereits geschälte Exemplare, ganz wie ihr wünscht.

Einen großen Topf mit Wasser zum Kochen bringen und die Reisnudeln nach Packungsanleitung gar kochen. In der Zwischenzeit einen mittleren Topf mit 500 ml Wasser zum Kochen bringen und den Brühwürfel darin auflösen, anschließend auf kleinster Stufe simmern lassen. Kurz vor Ende der Garzeit der Nudeln die Garnelen hinzugeben und 1 Minute mitkochen lassen. Alles durch ein Sieb gießen und in eine Schüssel geben. Mit der heißen Brühe übergießen und mit Chili, Koriander, Minze und Limette servieren.

GUTES GEWISSEN

Es ist ja nur logisch, dass eine gesunde Ernährung auch eine gesunde Schwangerschaft unterstützt. Viel frisches Obst, Gemüse, Fleisch und Fisch von **GUTER QUALITÄT** und natürlich jede Menge Hülsenfrüchte – das klingt nicht nur toll, sondern tut euch auch gut. Ganz wichtig und in aller Munde, sobald man schwanger ist: die **FOLSÄURE**. Sie ist besonders in grünem Gemüse, wie z. B. Spinat, aber auch in weißen Bohnen und Erdnüssen vorhanden. Darf ich vorstellen: **MRS VITAMIN** und **MR PROTEIN**. Zusammen sind sie ein echtes Traumpaar und haben für euch folgende Gerichte vorbereitet.

Gegrillter Spargel *mit* Sardellenbutter

FÜR 1 PERSON

1 Ei
250 g grüner Spargel
1 Teelöffel Olivenöl
1 Esslöffel Butter
2 eingelegte Sardellenfilets
1 reife Avocado, entkernt
Salz
2 Scheiben Landbrot, frisch getoastet

Spargel führt nicht nur die Hitliste der folsäurehaltigsten Lebensmittel an (und die ist ja jetzt bekanntlich besonders wichtig), sondern wirkt auch noch entwässernd. Yeah! Wem die Zubereitungsmethode des Eigelbs zu kompliziert ist oder wer sich bei dem flüssigen Eigelb nicht wohlfühlt, der brät sich einfach eins dazu in der Pfanne. Dem Gargrad seines eigenen Sicherheitsbedürfnisses entsprechend. Ich jedenfalls habe dieses Gericht während meiner Schwangerschaft geliebt.

In einen kleinen Topf kaltes Wasser füllen und darin ein kaltes Ei aufsetzen. Unbedeckt bei mittlerer Hitze zum Simmern bringen. Zudecken und von der Kochstelle nehmen. Das Ei für 6 Minuten im heißen Wasser lassen. Dann kalt abschrecken. Holzige Enden beim Spargel abschneiden und das untere Drittel mit einem Spargelschäler von der Schale befreien. In einer Pfanne das Olivenöl erhitzen und den Spargel bei mittlerer Hitze 3 Minuten pro Seite goldbraun braten. Hitze reduzieren, Butter mit Sardellenfilets hinzufügen und erhitzen, bis die Butter zerläuft und die Sardellenfilets in der Butter schmelzen. Die Avocado mithilfe einer Gabel zerdrücken und mit 1 Prise Salz würzen. Avocadocreme und Spargel auf einem Teller verteilen. Zum Schluss das Ei über der Spüle aufbrechen. Das Eiweiß durch die Finger gleiten lassen und das Eigelb auf den Teller geben. Mit getoastetem Landbrot servieren.

MAMA-TIPP:

Ja, ich esse mein Ei weich gekocht, auch wenn ich schwanger bin. Hier geht es nicht um die gefürchteten Listerien, sondern um Salmonellen. Die führen zwar im schlimmsten Fall zu einer unangenehmen Salmonellenvergiftung, schaden aber dem Baby nicht unmittelbar. Mit frischen Eiern, die ich nicht noch zwei Stunden in der Sonne stehen lasse, habe ich immer gute Erfahrungen gemacht.

Knusprige Polenta *mit* geschmorten Tomaten

FÜR 4 PERSONEN

3 Tassen Wasser
½ Teelöffel Salz
1 Tasse Polenta
1 Dose Mais (285 g), püriert
½ Teelöffel Kurkuma
2 Esslöffel Butter
100 g Parmesan, gerieben
2 Zwiebeln
3 Knoblauchzehen
2 Esslöffel Olivenöl
2 Sardellenfilets
1 Esslöffel Zucker
2 Dosen Tomaten (je 400 g), gehackt
1 Mozzarella (200 g)
2 Eier
80 g Mehl
100 g Semmelbrösel
4 Esslöffel Olivenöl
Einige Oreganoblättchen, gezupft

Außen knusprig, innen cremig. Und dazu dann herrlich süßlich karamellisierte Tomaten. Ein vegetarisches Hauptgericht, das keine Wünsche offenlässt.

In einem großen Topf Wasser aufsetzen und zum Kochen bringen. Salz hinzufügen. Polenta einrieseln lassen, dabei mit einem Rührbesen ständig rühren, damit sich keine Klümpchen bilden. 10 Minuten bei mittlerer Hitze kochen lassen. Mais und Kurkuma einrühren und weitere 10 Minuten köcheln lassen. Dabei gelegentlich umrühren. Zum Schluss Butter und Parmesan unterrühren und nochmals mit Salz abschmecken.
Eine Kastenform mit Pergamentpapier auslegen und die Polenta hineinfüllen. Auskühlen lassen. Abdecken und für mindestens 4 Stunden kalt stellen.
In der Zwischenzeit die Sauce zubereiten: Zwiebeln schälen und grob würfeln. Knoblauch schälen und grob hacken. In einem gusseisernen Topf Öl erhitzen und Sardellenfilets, Zwiebeln und Knoblauch hinzufügen. Mit dem Zucker bestreuen und für 10 Minuten bei geschlossenem Deckel und mittlerer Hitze schmoren lassen. Dabei gelegentlich umrühren. Wenn die Zwiebeln weich und karamellisiert sind, mit den Tomaten ablöschen. Eine der Tomatendosen zur Hälfte mit Wasser befüllen und dieses zu der Sauce geben. 15–20 Minuten köcheln lassen.
Polenta in 1 cm dicke Scheiben schneiden. Mozzarella in 0,5 cm dicke Scheiben schneiden. Jede zweite Polentascheibe mit einer Mozzarellascheibe belegen und mit den verbliebenen Polentascheiben toppen.
Eier in einem tiefen Teller verquirlen und mit Salz und Pfeffer würzen. Mehl und Semmelbrösel auf getrennte Teller geben. Polenta-Sandwiches erst in Mehl, dann in Ei und dann in den Semmelbröseln wenden. Öl in einer Pfanne erhitzen und die panierte Polenta nach und nach in der Pfanne von beiden Seiten ca. 3 Minuten pro Seite bei mittlerer Hitze knusprig braten. Mit Tomatensauce und frischem Oregano servieren.

Zucchini-Bananen-Muffins

ERGIBT 12 MUFFINS

180 g Weißmehl
60 g Vollkornmehl
200 g brauner Zucker
2 Teelöffel Backpulver
1 Prise Salz
1 Prise Muskatnuss, frisch gerieben
½ Teelöffel Zimtpulver
1 Ei
60 ml mildes Olivenöl
220 g Joghurt
1 reife Banane, zerstampft
1 mittlere Zucchini, fein gerieben

Normalerweise schmecken Muffins ofenfrisch am besten, aber diese Exemplare könnt ihr auch noch drei Tage danach ohne Einbußen genießen. Das Geheimnis dieser saftigen und gesunden Muffins sind Bananen, die für eine angenehme Süße sorgen, und Zucchini, die ihnen eine herrliche Feuchtigkeit verleihen, ohne dass man viel Fett verwenden muss. Naschen mit gutem Gewissen. Yippie!

Ofen auf 160 °C vorheizen. In einer großen Schüssel Mehl, Vollkornmehl, Zucker, Backpulver, Salz, Muskatnuss und Zimt vermischen. In einer anderen Schüssel ein Ei verschlagen und mit Olivenöl, Joghurt, Banane und Zucchini mischen. Die Zucchinimischung unter die Mehlmischung heben. Den Teig nur so lange rühren, bis sich alles gerade so vermischt hat.
Eine Muffinform mit Fett einreiben und zu ⅔ mit dem Teig füllen. In den Ofen schieben und 15–20 Minuten backen. Mindestens 15 Minuten vor dem Verzehr auskühlen lassen.

...NNAH
KOCHT
I

Möhrentörtchen

1

2

Möhrentörtchen

Mendelsohn

Schoki Teller:

Tarte = ... Kuchenschoko...

500gr. Schoki => 1 Blech

Pralinen = 500 ml Sahne / 1 kg ...

Grand Marnier / Pistazie

Schokimousse weiss = 3/4 Sahne

=> Wittigmann / 600gr. Schoki

Transglutaminase

Sauce = 500 gr. Zucker
= 250 gr. Butter } dazu } Karamell
= 10 EL Wasser
= 5 EL Mascarpone

Weisse Schokimousse:

3 Blatt Gelantine => eingeweicht
150 gr. Weisse Schokolade
2 Eigelb
1 EL Orangenlikör
1/2 Orangenabrieb
300 ml Sahne

2 Eigelb + 2 EL Wasser über dem Wasserbad schaumig schlag...

Schoki schmelzen

Gelantine zum Eigelb, dann Schoki + Aromaten, dann stei... Sahne

Weisse Schoki nicht heisser als ...
=> heisses Wasser aus dem Hahn reicht aus fürs Wasserbad

Linsensuppe *mit* Kumin *und* gebrannter Butter

FÜR 4 PERSONEN

2 Esslöffel Olivenöl
1 mittelgroße Zwiebel, in Würfel geschnitten
2 Zehen Knoblauch, fein gehackt
1 Teelöffel Kumin (Kreuzkümmel)
1 Prise Zimt, gemahlen
1,25 Liter Hühnerbrühe
200 g rote Linsen, gewaschen
1 Stich Butter
1 Handvoll frische Minze, gehackt
Salz und Pfeffer
1 Zitrone, geviertelt

Ein türkischer Klassiker. Am Düsseldorfer Worringer Platz konnte man sicher sein, für kleines Geld einfache, frische und ehrliche Küche zu bekommen. Der perfekte Mitternachtssnack nach einer Party – und damit meine ich nicht nur den allseits beliebten Döner, sondern vor allem: Petersiliensalat, Adana Kebap mit gerösteter Aubergine und Joghurtsuppe mit Reis. Die Partynächte sind seltener geworden. Also gibt's als Andenken diese türkisch inspirierte Linsensuppe.

In einen großen Topf Olivenöl geben und Zwiebeln und Knoblauch 5 Minuten lang bei mittlerer Hitze glasig dünsten. Kumin und Zimt hinzugeben und 30 Sekunden mitrösten. Mit Hühnerbrühe ablöschen und die Linsen untermengen. Zugedeckt 20 Minuten köcheln lassen. In der Zwischenzeit Butter in einem kleinen Topf zerlassen. Minze hineinstreuen und 5 Minuten lang rösten, bis die Minze knusprig und die Butter braun karamellisiert ist. Suppe mit dem Pürierstab cremig mixen und mit Salz und Pfeffer abschmecken. In Schalen füllen und mit knuspriger Minze bestreuen. Mit Zitronenspalten servieren und genießen.

MAMA-TIPP:

Ja, Linsen sind sehr gute Nährstofflieferanten, mit denen man nichts falsch machen kann. Sie stecken voller Folsäure, Proteine und Eisen!

GELÜSTE

EISCREME UND SAURE GURKEN – es gibt wohl nichts, das mehr mit den Essgelüsten einer Schwangeren assoziiert wird. In Wahrheit kenne ich niemanden – mich eingeschlossen –, der darauf Lust hatte. Aber wenn ich auf etwas Appetit bekam, dann musste es her, und zwar **SOFORT**. Ansonsten war ich richtig schlecht gelaunt. Ich erinnere mich, dass sich mein Mann einmal um 22:20 Uhr auf den Weg machen musste, um mir zwei California Rolls zu besorgen. Erst danach war ich wieder besänftigt und konnte weiterschlafen. Trotzdem: Es ranken sich viele Mythen und Märchen um die Essgelüste von Schwangeren. Die meisten haben so etwas wie eine fleischfressende Pflanze im Kopf, die schonungslos Tonnen von irgendwas in riesigen **PORTIONEN** und unmöglichsten **KOMBINATIONEN** verschlingt. Als ob die Schwangere vom Geschmack und Appetit des Babys fremdgesteuert wird. Das variiert natürlich je nach Typ und Veranlagung, aber Essen und das Verlangen nach bestimmten Dingen spielen eine große Rolle. Für Außenstehende mag das Ganze seltsam erscheinen: Da gibt man sich große Mühe, möglichst gesund zu essen, um dann in süßen oder cremigen Sphären zu schwelgen. Aber genau darum geht es doch. Man muss während der Schwangerschaft einfach hin und wieder nach Herzenslust schlemmen und sich dabei denken: Ich darf das. **ICH ESS JA JETZT FÜR ZWEI**.

Trüffel-Linguine

FÜR 2 PERSONEN

250 g Linguine auf Eierbasis
125 g Crème double
1 Handvoll Parmesan, gerieben
Trüffelöl nach Belieben
Salz und Pfeffer
Frischer Trüffel nach Belieben

Ich war in der ersten Schwangerschaft regelrecht süchtig danach. Sahnig-cremig und wohltuend. Wobei ich gestehen muss, dass ich mir nur in den seltensten Fällen echten Trüffel dazu gegönnt habe. Ein gutes, weißes Trüffelöl war für mich völlig ausreichend.

Nudeln in reichlich sprudelndem Salzwasser, das nach Meer schmeckt, al dente kochen. In der Zwischenzeit die Crème double in einem kleinen Topf bei niedriger Temperatur langsam erhitzen. Die Nudeln abgießen und dabei eine gute Tasse von dem Nudelwasser auffangen. Die Crème double unter die Pasta mischen und dabei immer wieder etwas von dem Nudelwasser hinzufügen, bis die Pasta schön glänzt und gleichmäßig überzogen ist. Parmesan und Trüffelöl nach Belieben hinzufügen. Mit Salz und Pfeffer abschmecken. Auf Teller geben und frischen Trüffel darüberreiben. Sofort genießen.

MAMA-TIPP:

Falls es einen überkommt, ohne dass man Crème double zur Hand hat, kann man auch 200 ml Sahne in einem kleinen Topf bei geringer Hitze auf 125 ml Flüssigkeit reduzieren. Und achtet beim Trüffelkauf auf Qualität. Lieber einen kleinen Trüffel für 11 Euro kaufen anstatt drei für denselben Preis. Letztere schmecken nämlich nach gar nichts und da ist jeder Cent zu viel bezahlt. Ganz nach dem Motto „wenn schon, denn schon". Ansonsten nehmt nur mit Trüffelöl vorlieb. Ist zwar geschummelt, aber immer noch ehrlicher als diese enttäuschenden „Fake-Trüffel".

Banane *im* Speckmantel

FÜR 1 PERSON

1 große reife Banane
3–4 Scheiben Speck oder Pancetta
Ketchup oder Hot-Chilisauce
(ich kann mich gar nicht entscheiden, was ich besser finde)

Das mag sich erst mal seltsam anhören, ist aber fantastisch! Die perfekte Symbiose aus süß und salzig. Knusprig und cremig-weich. Elvis hätte es auch geliebt. Einfach mal ausprobieren!

Banane schälen und in 3 gleich große Teile schneiden. Jedes Stück jeweils mit 1 Scheibe Speck umwickeln und bei mittlerer Hitze in einer beschichteten Pfanne knusprig braten. Heiß mit Ketchup oder Hot-Chilisauce genießen.

MAMA-TIPP:

Schon eine Banane am Tag deckt unseren Bedarf an Vitamin B6 und beugt damit Müdigkeit und Übelkeit vor. Allerdings wirken Bananen leicht verstopfend, deswegen vielleicht nicht unbedingt in rauen Mengen essen. Auch Toxoplasmose negativ getestete Mamas dürfen hier durchatmen: Erstens werden die Erreger beim Braten abgetötet und zweitens sind luftgetrockneter Rohschinken und Co. (z. B. Parma, Serrano und Pancetta) durch den langen Reifungsprozess nur mit einem geringen Risiko behaftet.

Eiscreme *mit* Snickerssauce

FÜR 2 PERSONEN

100 ml Milch
50 g Erdnussbutter (ohne Stückchen)
50 g Zartbitterschokolade, gehackt
2 Esslöffel Agavendicksaft
4 Kugeln Vanilleeis
2 Esslöffel geröstete und gesalzene Erdnüsse, grob gehackt

Nein, hier kommt kein Snickers zum Einsatz, aber die Mischung aus Erdnussbutter und Schokolade erinnert an den beliebten Schokoriegel. Für mich eine der befriedigendsten Kombinationen aus der Dessertwelt, die es gibt. Süß–salzig, heiß–kalt: Gegensätze ziehen sich an. Auch beim Nachtisch!

In einem kleinen Topf Milch mit Erdnussbutter, Schokolade und Agavendicksaft vermischen. Bei mittlerer Temperatur erhitzen, bis sich alles miteinander verbunden hat. Nicht kochen lassen. Eis auf zwei Becher verteilen, mit warmer Sauce übergießen, mit den gehackten Erdnüssen bestreuen und es sich sofort damit gut gehen lassen.

MAMA-TIPP:

Erinnert ihr euch noch daran, dass Erdnüsse zu den folsäurehaltigsten Nüssen überhaupt gehören? Also ein guter Grund mehr, das Dessert mal auszuprobieren.

Banoffee *mit* Malzschokolade

FÜR 1 GANZ GIERIGE PERSON
ODER 2 PERSONEN

1 Teelöffel Butter
50 g Butterkekse
25 g Sahne plus
50 g geschlagene Sahne
1 Teelöffel Malzpulver
50 g dunkle Schokolade, zerkleinert
1 Banane
Karamellsauce nach Belieben
(siehe Rezept S. 182)

Banoffee kommt aus England und heißt so viel wie Bananen mit Toffee. Karamell, Schokolade, Banane, frische Sahne und krümelige Kekse: eine Erfolg versprechende, sündhafte Kombination. Aber durch die Verwendung von Malz und Banane auch ein ganz bisschen gesund. Trotzdem ein absolutes „Knock-out"-Dessert.

In einer kleinen Kasserolle Butter schmelzen. Kekse zerstoßen, mit der Butter mischen und in ein kleines Gefäß füllen. Zur Seite stellen. In derselben Kasserolle Sahne und Malzpulver zum Kochen bringen. Schokolade in eine Schüssel geben und mit der kochenden Sahne-Malz-Mischung übergießen. Rühren, bis sich alles verbunden hat. Banane in Scheiben schneiden. Dessert zusammenfügen: zuerst die Kekskrümel in eine Schüssel geben. Darauf die Malzganache gießen. Bananenscheiben darauf verteilen und mit geschlagener Sahne toppen. Zum Schluss mit Karamellsauce nach Belieben übergießen.

MAMA-TIPP:

Malzbier und Malzkaffee sind während der Schwangerschaft und auch im Wochenbett nahrhafte Alternativen zu den alkoholischen und koffeinhaltigen Verwandten.

SODBRENNEN-BLOCKER

Ganz ehrlich: Sodbrennen ist eine echt fiese Sache. Zum Ende der Schwangerschaft hin wird es immer intensiver. Klar, der Platz wird weniger, es wird **ENGER** und da kann es schon mal vorkommen, dass einem der Magen brennt. Mandeln, die man langsam im Mund zerkaut, können helfen, aber wenn das nicht reicht, brauchen wir jetzt Supergerichte mit vielen **BASISCHEN** Zutaten, die die **SÄURE REGULIEREN**. Und wir brauchen Gerichte, die im Nu verdaut werden. Denn dann ist im Bauch schneller wieder Platz und wir können beruhigt durchatmen.

Spanische Mandelsuppe

FÜR 4 PERSONEN

100 g weiche Birne, entkernt und geschält
Optional: ¼ Knoblauchzehe, geschält
100 g Weißbrot vom Vortag, ohne Rinde, in Würfel geschnitten
100 g Mandeln, geschält
100 ml Mandelmilch
½ Teelöffel Salz
150 ml Wasser
5 Esslöffel Olivenöl

MAMA-TIPP:

Wenn ihr – wie ich – auf den Knoblauch nicht ganz verzichten wollt, achtet beim Einkaufen auf jungen, frischen Knoblauch, der noch nicht gekeimt hat. Er ist deutlich milder und besser verträglich.

In der traditionellen Variante der spanischen „Ajoblanco" kommen Trauben, Essig und Knoblauch zum Einsatz. Nicht gerade hinderlich für Sodbrennen. Deshalb verzichte ich auf Essig und verwende statt der Trauben milde Birne.

In einer großen Schüssel Birne, optional den Knoblauch, Brot, Mandeln, Mandelmilch und Salz mischen. Abgedeckt für mindestens 4 Stunden, oder besser über Nacht, im Kühlschrank ziehen lassen.
Suppenbasis in einen Standmixer geben und pürieren, bis sich alles verbunden hat. Wasser hinzugießen, bis die gewünschte Konsistenz erreicht ist. Während der Mixer mixt, das Öl hinzugeben und weitermixen, bis sich alles verbunden hat. Kalt servieren.

Pellkartoffeln *mit* Kräuterquark

FÜR 2 PERSONEN

700 g Frühkartoffeln mit dünner Schale
Salz
250 g Quark (Halb- oder Vollfett)
½ Teelöffel Kümmel
2 Teelöffel Schnittlauch, in Röllchen geschnitten
1 Teelöffel frischer Oregano
Pesto nach Belieben (siehe Rezept S. 74)

MAMA-TIPP:

Kartoffeln und Quark haben basische Eigenschaften und regulieren die Magensäure.

Kennt ihr den „Ah ja, das könnt' ich auch mal wieder machen"-Moment beim Kochbuchdurchblättern? Genau darauf hatte ich es abgesehen, als ich das Gericht mit ins Buch nahm. Zugegeben, Pellkartoffeln mit Quark sind nicht die Ausgeburt der Kreativität. Jeder kennt sie und jeder hat sie auch schon mal gegessen. Aber sie sind ein bisschen in Vergessenheit geraten und allein deswegen schon wert, hier zu stehen.

Kartoffeln gründlich waschen. Kartoffeln und 1 Prise Salz in einen mittleren Topf geben, knapp mit kaltem Wasser bedecken. Mit geschlossenem Deckel aufkochen und bei mittlerer Hitze zugedeckt 20–25 Minuten garen.
Inzwischen in einer Schale Quark, Kümmel, Schnittlauch und Oregano verrühren und mit Salz abschmecken. Die Pellkartoffeln abgießen und mit Quark anrichten. Mit viel frischen Kräutern und Pesto servieren.

Mildes Huhn *mit* Congee

FÜR 4 PERSONEN

100 g Milchreis
1 Liter Wasser
1 Prise Salz
2 Hühnerbrüste à 180 g
2 Esslöffel Schnittlauch, in feine Röllchen geschnitten
1 Teelöffel Sesamkörner, geröstet
4 Teelöffel Sojasauce
2 Teelöffel Sesamöl

MAMA-TIPP:

Aufgrund der langen Zubereitung lohnt es sich, gleich die doppelte Menge einzukochen. Congee hält sich gut verschlossen im Kühlschrank bis zu zwei Wochen.

Meine Oma hat das immer für mich gemacht, wenn ich krank war. Warum? Weil es das bekömmlichste Essen ist, das ich kenne. Und wenn wir vom Sodbrennen geplagt sind, gibt es nichts Besseres als Congee. Es breitet sich wie Balsam in unserem Magen aus, neutralisiert jegliche vorhandene Säure und ist so schnell verdaut, dass es im eng gewordenen Magenbereich nicht lange verweilt. Wie angenehm!

In einem mittleren Topf Reis mit Wasser und Salz zum Kochen bringen. 2 Stunden bei kleinster Stufe köcheln lassen. Dann die Hühnerbrüste in den Reisbrei legen und 15 Minuten bei kleiner Stufe gar ziehen lassen. Huhn aus dem Congee nehmen, in Streifen schneiden und leicht salzen. Reisbrei auf Teller verteilen und mit Huhn, Schnittlauch und Sesam anrichten. Mit Sojasauce und Sesamöl beträufeln und genießen.

Smørrebrød

Smørrebrød heißt eigentlich nichts anderes als Butterbrot auf Dänisch. Mit Pumpernickel und Hüttenkäse als Grundlage bietet es eine Vielzahl von Variationen. So wird's dank verschiedener säureregulierender Zutaten nicht langweilig. Egal ob zum Frühstück, als Mittagssnack oder als leichtes Abendessen: Das Smørrebrød geht immer. Hier kommen meine liebsten Kombinationen:

FÜR 1 BROT MIT KARTOFFEL, GURKE UND MINZE

1 Scheibe Pumpernickel
1 Esslöffel Hüttenkäse
1 mittelgroße Pellkartoffel
1 Esslöffel Gurke, in Würfel geschnitten
Einige Minzblättchen
1 Teelöffel Kresse
Salz und Pfeffer

Pumpernickelscheibe mit Hüttenkäse bestreichen. Pellkartoffeln in Scheiben schneiden und das Brot damit belegen. Gurkenwürfel, Minze und Kresse darübergeben. Salzen, pfeffern und genießen.

FÜR 1 BROT MIT AVOCADO, GARNELEN UND EI

½ Avocado
1 Scheibe Schwarzbrot
1 wachsweich gekochtes Ei (6-Minuten-Ei)
3–4 Garnelen, geschält und Darm entfernt
1 Teelöffel Schnittlauch, in Röllchen geschnitten
Salz und Pfeffer

Avocado grob zerdrücken und Schwarzbrotscheibe damit bestreichen. Ei pellen und vierteln. Das Brot mit Garnelen und Ei belegen. Schnittlauch darüberstreuen. Mit Salz und Pfeffer würzen und essen.

FÜR 1 BROT MIT ROTE BETE, BIRNE UND DILL

1 Scheibe Pumpernickel
1 Esslöffel Hüttenkäse
½ Rote Bete, geschält und gekocht
¼ Birne
1 Teelöffel Dill, grob gehackt
Salz und Pfeffer

Pumpernickelscheibe mit Hüttenkäse bestreichen. Rote Bete und Birne in dünne Scheiben schneiden und Brot damit belegen. Dill darüberstreuen. Mit Salz und Pfeffer würzen und genießen.

GEBURTSSPECIAL

Immer wieder spielt man im Kopfkino alles durch. Man möchte für alle Eventualitäten gerüstet sein. Am Ende kommt eh alles anders, als man denkt. Die kulinarische Versorgung bei der Geburt ist dennoch nicht zu unterschätzen. Denn eine Geburt dauert meist lange und ist anstrengend. Ihr braucht **KRAFT** und **ENERGIE**. Wenn euch danach ist, sollt ihr essen, was ihr wollt. Das schadet nicht und kann das **WOHLGEFÜHL** während der Geburt steigern. Ein Kreißsaal, der euch das verbietet, sollte noch mal kritisch unter die Lupe genommen werden. Und selbst wenn euch nicht nach Futtern ist, freut sich Papa während des Prozederes bestimmt über den ein oder anderen **SNACK**. Und wenn ihr grad dabei seid, den **GEBURTSPROVIANT** zu besorgen, kauft auch gleich fürs **WOCHENBETT** ein.

GEBURTSPROVIANT FÜR MAMA UND PAPA:

- Stillkugeln (siehe Rezept S. 84)
- Smørrebrød-Sandwiches (siehe Rezept S. 56), Knäckebrot, Zwieback
- Bananen, Datteln
- Erdnussbutter (ein Löffel kann wahre Wunder wirken)
- zimmerwarmer Kräutertee, stilles Wasser, säurearme Säfte (z. B. Birne, Aprikose)

ORGANIC
toast
ORGANIC - BIO - HEALTHY - NICE
MUTTERPASS
GEMEINSAMER

HAMSTEREINKÄUFE FÜRS WOCHENBETT

Nutzt die Wochen vor der Entbindung zum **VORKOCHEN** und friert euch eure **VORRÄTE** ein. Schaut schon mal in das Kapitel Wochenbett. Gerichte, die sich zum Einfrieren eignen, sind bereits markiert. Auf jeden Fall solltet ihr euch um die Hühnerbrühe, die Stillkugeln und die Pestosorten kümmern. Die letzten Wochen sind eh vom Warten geprägt und eine Kochsession ist eine willkommene Abwechslung.
Nutzt eurem **NESTTRIEB** und steckt einfach einen Teil eurer Energie statt in perfekte Babyzimmer in perfekt ausgestattete Vorratsschränke. Bringt sie auf Vordermann, sortiert, was das Zeug hält, und schmeißt weg, was abgelaufen ist.

Vorratsliste *fürs* Wochenbett:

TROCKENE ZUTATEN:
Pasta (Spaghetti, Linguine, Pappardelle, Penne, Farfalle)
Sobanudeln, Reisnudeln
Couscous, Bulgur
Mehl (Weißmehl, Dinkelmehl, Vollkornmehl)
Zucker (weißer, brauner und Puderzucker)
Linsen (De Puy, rote Linsen)
Nüsse (Mandeln, Haselnüsse, Walnüsse, Pinienkerne, Cashews)
Trockenfrüchte (Mango, Aprikosen, Pflaumen)
Reis (Basmati, Milchreis, Vollkornreis)
Polenta, Grieß
Müsli, Haferflocken
Backpulver, Hefe

DOSEN UND GLÄSER:
Tomaten
Pesto (verschiedene Sorten)
Anchovis
Kapern
Oliven
Artischocken
Senf (Dijon, süßer Senf, körniger Senf)
Wasabi
Kokosmilch
Honig
Konfitüren
Erdnussbutter
Mandelmus
Bohnen (Cannellini, Kichererbsen)
Ahornsirup
Agavendicksaft

ESSIG UND ÖL:
Weißweinessig
Apfelessig
Balsamicoessig
Sonnenblumenöl
Olivenöl
Sesamöl
Sojasauce
Fischsauce
Mirin

TIEFKÜHLER:
Erbsen, Spinat
Wildlachs
Garnelen
Geschnittenes Brot
Verschiedene Beeren

GEWÜRZE:
Sternanis
Lorbeerblätter
Chilis
Oregano
Kümmel
Fenchelsamen
Muskatnuss
Brühwürfel
Zimt
Vanille
Kardamom
Salz, Pfeffer
Koriandersamen
Safran
Geräuchertes Paprikapulver
Dashi-Brühe
Gerösteter Sesam

KÜHLSCHRANK/FRISCHPRODUKTE:
Butter
(H-)Milch
Eingeschweißte Rote Bete
Sahne
Parmesan
Eier
Speck
Luftgetrockneter Schinken
Luftgetrocknete Salami
Chorizo
Knoblauch
Zwiebeln
Ingwer
Glatte Petersilie
Salbei
Basilikum
Thymian
Zitrone
Banane
Kartoffeln
Avocado
Möhren
Tomaten

Kuchen backen vor der Geburt: Zitronenkuchen

FÜR 1 KASTENFORM VON 25 CM LÄNGE

250 g Butter
250 g Zucker
4 Eier
250 g Dinkelmehl
1 Prise Salz
1 Prise Kurkuma
1 Teelöffel Backpulver
Abrieb von 2 Zitronen

MAMA-TIPP:

Egal ob Schoko, Mohn, Nuss oder eure Lieblingsplätzchen. Hauptsache, ihr backt und kommt dabei auf andere Gedanken.

Als die Wehen anfingen und ich wusste, dass es bald so weit ist, habe ich mich in die Küche begeben und einen Kuchen gebacken. Nein, das war kein Anfall von Wahnsinn. Backen lenkt ab und man macht sich nicht mit der Frage „Was passiert als Nächstes und wann ist das Baby endlich da?" verrückt und zweitens hat man dann etwas im Haus, wenn die ersten Gäste „gucken" kommen wollen und vergessen haben, etwas mitzubringen. Oder man nimmt den Kuchen direkt mit ins Kranken- bzw. Geburtshaus. Zum Feiern und Stärken nach der anstrengenden Arbeit. Also, solange ihr euch bester Gesundheit erfreut und Baby richtig liegt, steht der Backaktion nichts mehr im Weg!

Ofen auf 160 °C vorheizen. In der Schüssel einer Küchenmaschine die Butter mit dem Zucker ca. 5 Minuten schaumig schlagen, bis sich der Zucker aufgelöst hat. Nach und nach die Eier unterrühren. Zitronen-Abrieb hinzufügen. Mehl mit Salz, Kurkuma und Backpulver mischen und ebenfalls unter die Buttermischung rühren. Die Kastenform mit Backpapier auskleiden und zu ⅔ mit dem Teig befüllen. Mehr würde an den Seiten überlaufen und im Ofen verbrennen. Weicht einfach auf eine andere Form aus, wenn ihr zu viel habt. Im Ofen 45–50 Minuten backen. Der Kuchen ist noch ein wenig „unterbacken", aber das macht ihn unwiderstehlich saftig, wenn er ausgekühlt ist. Zum Schluss noch mal kontrollieren, ob der Ofen wirklich aus ist.

WOCHENBETT

Das Wochenbett. Eine absolut **MAGISCHE** Zeit. Eben war das Baby noch in eurem Bauch und nun liegt es als eigener Mensch neben euch. Es ist noch so eng mit euch verbunden und steuert dennoch schon ganz selbstständig seinen eigenen Organismus. Einfach **UNFASSBAR**. In manchen Momenten scheint man dieses **WUNDER** begreifen zu können und in anderen ist einfach alles wahnsinnig. Ihr braucht jetzt **RUHE**, um mit eurem Baby ankommen zu können. **SEELISCH** und natürlich auch **KÖRPERLICH**. Ihr seid jetzt Mama. Das muss erst mal begriffen werden. Und diese Zeit sollt ihr mit eurem Baby genießen. Haushalt, putzen, kochen – alles komplett sekundär. Selbst wenn ihr euch fit fühlt, bleibt bitte eine Woche (mindestens) liegen und **ERHOLT EUCH**. Auch wenn es schwerfällt, aber alles andere kann warten. Fürs Essen bedeutet das Folgendes: Entweder ihr lasst euch bekochen oder ihr habt bereits vorgekocht. Immer wieder wird dieser Ratschlag nicht wirklich ernst genommen. Dann steht man im schlimmsten Fall mit leeren Vorratsschränken da und ernährt sich zwei Wochen von Dingen, die der Lieferservice bringt. Das ist mal okay, aber auf Dauer teuer und auch

nicht besonders abwechslungsreich. Außerdem sollte man im Wochenbett gar nicht erst in die Lage kommen, ein Hungergefühl zu verspüren. Das ist in dieser **EMOTIONAL** wichtigen Zeit wirklich mehr als kontraproduktiv. Den Nesttrieb habt ihr ja hoffentlich schon im letzten Drittel der Schwangerschaft ausgelebt und könnt euch entspannt auf euren gut gefüllten **VORRATSSCHRÄNKEN** ausruhen. Stärkendes, gesundes Essen von guter Qualität, das jederzeit abrufbar ist, beruhigt ungemein. Wir müssen wieder zu Kräften kommen und da ist es logischerweise nicht unwichtig, was wir zu uns nehmen. Im Islam werden die Männer dazu angehalten, ihre Frauen im Wochenbett mit dem besten und schönsten Essen zu versorgen, das sie finden können. Ich finde, das ist ein sehr schöner Aufruf. Auch in unserer Kultur war es lange Brauch, dass die Wöchnerin vom Besuch mit Essen beschenkt wurde. Dieser Brauch ist leider in den Hintergrund geraten. Ganz im Gegenteil: Alle, die vorbeikommen, um „Baby zu gucken“, erwarten auch noch, bewirtet zu werden. Wünscht euch keine Babysachen, wünscht euch was zu futtern. Und noch was Allgemeines zum **STILLEN**:
Mir ist es herzlich egal, für was ihr euch, aus welchen Gründen auch immer, entscheidet. Man ist keine Rabenmutter, wenn man sein Kind nicht stillt. Und genauso wenig finde ich es komisch, wenn ein Kleinkind noch seine Stillmahlzeit genießt. Aber zu stillen ist der natürliche Ablauf für Mama und Baby und deshalb gehe ich auch in den übrigen Kapiteln davon aus, dass ihr stillt. Wenn ihr nicht stillt, habt ihr trotzdem die anstrengende Geburt oder einen Kaiserschnitt hinter euch gebracht und braucht jetzt wieder Kraft, um mit beiden Beinen auf dem Boden zu stehen und für euch und euer Baby da zu sein.

HELLO
LITTLE
ONE

DER TAG DANACH

AVOCADO-SMOOTHIE S. 70

BIRCHERMÜESLI S. 70

HÜHNERBRÜHE * *S. 72*

PESTO PASTA S. 74

MILCH^3

IM OFEN GESCHMORTE KARTOFFEL-FENCHELPFANNE S. 78

TÜRKISCHE JOGHURTSUPPE S. 82

STILLKUGELN * *S. 84*

GEMÜSE-GETREIDEEINTOPF MIT KALB * *S. 86*

DURSTLÖSCHER

HAUSGEMACHTES GINGER ALE MIT MALZBIER S. 90

MAMA-BABYTEE S. 90

MANGO-MARACUJA-LASSI S. 92

BASILIKUM-LIMETTENADE S. 94

HONIG-PFEFFERSCHORLE S. 94

BIRNEN-ROSMARINSCHORLE S. 97

HOLUNDER-APFELSCHORLE S. 97

SEELENTRÖSTER

MANDELHÜHNCHEN-CURRY * *S. 100*

„PAPA-DELLE“ MIT SALSICCIARAGOUT * *S. 102*

BUCHTELN MIT KARDAMOMAPRIKOSEN S. 104

SCHOKOLADENTARTE S. 106

* *Gut zum Einfrieren*

DER TAG DANACH

DAS FRÜHWOCHENBETT

Ich hatte eine ambulante Geburt und lag, zwei Stunden nachdem meine Tochter auf der Welt war, wieder im heimischen Bett. Zur Stärkung brachte mir mein Mann Fischstäbchen und Blubb-Spinat vom Vortag. Es hat mich gesättigt und das vertraute Essen hat geschmeckt und ich habe es gut vertragen. Super. **KULINARISCHE HIGHLIGHTS?** Total egal. Außerdem stand kurz darauf unser türkischer Nachbar vor der Tür und hatte zwei Teller Eintopf von seiner Frau in der Hand. Es war eine so schöne Geste, die ich nicht vergessen werde und die mich bis heute berührt. Und wenn ihr nicht so viel Glück habt, dass euch die Leute unaufgefordert Essen mitbringen, dann fordert sie halt dazu auf. Ob Hausgeburt, ambulante Geburt oder nach einem dreitägigen Krankenhausaufenthalt: Hier geht es ums Frühwochenbett (Tag 1–14). **LASST EUCH BEKOCHEN!** Bitte nehmt euch noch Zeit und stürzt euch nicht wieder ins Geschehen. Der Anspruch, in den ersten beiden Wochen wieder den Haushalt zu schmeißen und voll für Geschwisterkinder da zu sein, ist absurd. Die Geburt ist ein großes Ding und man kann kurz danach nicht wieder 100 Prozent geben. Dieses Kapitel handelt von der allerersten Zeit, in der man nur Augen fürs Kind hat, im Bett liegt und keinen Finger rührt.

Avocado-Smoothie

Ein schneller Energiekick zum Frühstück oder als Snack für zwischendurch. Einfach fantastisch!

FÜR 2 PERSONEN

1 Avocado
200 ml kalte Kokosnussmilch
200 ml kalte Milch oder Reismilch
4 Eiswürfel
2 Teelöffel brauner Zucker

Avocado halbieren, entsteinen und das Fruchtfleisch in ein hohes Mixgefäß löffeln. Kokosnussmilch, Milch, Eiswürfel und Zucker hinzufügen. Mit dem Pürierstab auf höchster Stufe pürieren. In Gläser füllen und sofort genießen! Mmh.

MAMA-TIPP:

Avocado ist nicht nur reich an gesunden, ungesättigten Fettsäuren, sondern steckt auch noch voller Vitamin A. Das lässt unsere Haut und Haare strahlen und ist gut für Knochen und Zähne.

Birchermüesli

Erfrischend mit allen guten Sachen. Genau das Richtige!

FÜR 2 PERSONEN

½ Tasse Müsli
1 ½ Tassen Wasser
1 Prise Salz
1 Apfel, gerieben
100 ml geschlagene Sahne
150 g Früchte der Saison, z. B. Beeren
Honig zum Beträufeln

In einem kleinen Topf Müsli und Wasser zum Kochen bringen. Salz hinzufügen und für 7 Minuten weiterköcheln lassen. Müsli zur Seite stellen und abkühlen lassen. Apfel reiben und Sahne halbsteif schlagen. Apfel und Sahne mit der Hälfte der zusätzlichen Früchte unter das Müsli heben. Mit frischem Obst und Honig nach Belieben toppen und servieren.

Hühnerbrühe

ERGIBT CA. 2 LITER

1 Huhn
400 g Möhren (2 große)
1 kleine Zwiebel
4 Kartoffeln (ca. 350 g)
¼ Sellerie (ca. 250 g), geschält
1 Lauchstange (ca. 300 g)
1 kleine Knoblauchzehe
1 Esslöffel Kümmel
Salz nach Belieben
1 daumengroßes Stück Ingwer (30 g)
Sojasauce nach Belieben
Frischer Koriander oder Petersilie

MAMA-TIPP:

Unbedingt während der Schwangerschaft vorkochen und einfrieren. Schmeißt die Hühnerkarkasse nach dem Ablösen des Fleisches nicht weg. In einem separaten Topf erneut mit frischem Wasser zum Kochen gebracht, holt ihr noch mal wertvollen Geschmack und Brühe aus dem Huhn.

Das „Jetzt wirst du wieder gesund"-Essen schlechthin. Auch wenn wir nicht krank sind, sind wir aber nach der Geburt geschwächt und eine selbst gemachte Hühnerbrühe gibt wieder Kraft. Egal ob in der koscheren Küche (dort wird sie „Jewish Penicillin" genannt) oder in der traditionellen chinesischen Medizin: Der Hühnerbrühe werden heilende, ja fast schon magische Kräfte zugesprochen. Da muss doch dann was dran sein.

Die Brust vom Huhn entfernen und für eine andere Zubereitung im Kühlschrank verwahren. Möhren schälen und in dünne Scheiben schneiden. Zwiebeln schälen (die Zwiebelhaut kann man aber auch dran lassen, das ergibt eine kräftigere Brühe) und halbieren. Kartoffeln schälen und in Würfel schneiden. Sellerie ebenfalls in dünne Scheiben schneiden und diese dann dritteln. Lauchstange am unteren und oberen Ende einschneiden und Sand bzw. Erde gut herauswaschen. Lauch in 1 cm dicke Ringe schneiden. Knoblauch schälen und fein hacken. Huhn, Möhren, Zwiebel, Kartoffeln, Sellerie, Lauch, Knoblauch, Ingwer und Kümmel in einen großen Topf legen. Großzügig salzen und mit kaltem Wasser bedecken. Langsam zum Köcheln bringen. Ca. 2–4 Stunden köcheln lassen.
Huhn aus der Suppe heben und abkühlen lassen. Fleisch von der Karkasse zupfen und zurück in die Suppe geben. Die übrig gebliebenen Knochen erneut in einem separaten Topf mit kaltem Wasser zum Kochen bringen (siehe Mama-Tipp). Mit Salz und Sojasauce abschmecken. Die Suppe mit frischen gehackten Kräutern servieren und heiß genießen.

Pesto Pasta

FÜR 2 PERSONEN

Ergibt 250 g Pesto:
50 g Nüsse (Pinienkerne, Walnüsse, Mandeln, Macadamianüsse, Cashews)
80 g frisches Grünzeug (Petersilie, Koriander, Rucola, Spinat, Basilikum, Minze, Bärlauch)
60 g Hartkäse (alter Gouda, Parmesan, Gruyère, Pecorino, Cheddar), in kleine Würfel geschnitten
75 ml Öl (Olivenöl, Sonnenblumenöl, Walnussöl, Rapsöl)
¼ Knoblauchzehe, gerieben
Salz

250 g Pasta, z. B. Spaghetti
Salz
10 Cherrytomaten
Frische Kräuter nach Wahl

MAMA-TIPP:

Bei Zeitmangel am besten auf Pesto aus dem Kühlregal zurückgreifen. Ein Blick auf die Zutatenliste lohnt sich. Steht als erste Zutat „Sonnenblumenöl" drauf, dann ist das Pesto von nicht so berauschender Qualität.

Ihr könnt und sollt und der Papa will erst mal keine Zeit in der Küche verbringen. Und wenn ihr Essen vorbereitet, dann sollte es nicht die ganze Bude vollräuchern, riesenviel Dreck machen oder Lärm produzieren. Die Hühnerbrühe habt ihr ja schon vorgekocht oder ihr lasst sie euch bringen. Aber davon wird man ja nicht den ganzen Tag lang satt. Ich habe mir viele Gedanken gemacht, was das perfekte Essen an Tag eins zu Hause sein kann. Der Realität am nächsten sind für mich Nudeln mit Pesto. Das hat man immer im Haus. Das kann jeder kochen. Man macht nur einen Topf dreckig und es geht schnell. Mein Tipp: Macht das Pesto schon in der Schwangerschaft. Cherrytomaten und frische Kräuter verleihen dem Ganzen den nötigen Frischekick. Pinienkerne geben die Extraportion Omega-3-Fettsäuren.

Nüsse in einer beschichteten Pfanne ohne Öl goldbraun rösten. Grünzeug waschen und mit Nüssen, Käse und Öl in einem hohen Gefäß mit dem Stabmixer pürieren. Mit Knoblauch und Salz abschmecken und in ein heiß ausgespültes Glas füllen. Pesto ganz mit Öl bedecken und gut verschließen. Im Kühlschrank ist das Pesto unangebrochen einige Wochen haltbar. Nudeln in einem großen Topf in reichlich großzügig gesalzenem Wasser al dente kochen. Tomaten halbieren bzw. vierteln und leicht andrücken. Nudeln abgießen und dabei eine Tasse vom Nudelwasser auffangen. Nudeln im Topf mit Pesto und Tomaten mischen. Etwas von dem Nudelwasser unter die Pasta mischen, bis die gewünschte cremige Konsistenz des Pestos erreicht ist und alle Nudeln überzogen wurden. Auf Tellern verteilen und mit frisch gehackten Kräutern bestreuen. Fertig.

MILCH[3]

„Iss das bloß nicht! Das wirkt blähend und dein Baby kriegt die **KOLIKEN**.“ Schon im Vorfeld weiß man: Nach Ablauf der Schwangerschaft sind die essenstechnischen Einschränkungen nicht vorbei. Alles, was bläht, wird erst mal vom Speiseplan gestrichen. Klar, auf Zwiebelsuppe und Kohleintopf verzichtet man sowieso freiwillig. Man möchte sich ja auch im Wochenbett wohlfühlen und nicht von Pupsen geplagt werden. Aber dann, so nach zwei bis drei Wochen, passiert es doch: Der kleine Wurm windet sich, strampelt mit den Beinen, macht sich dann wieder ganz steif und schreit sich die Seele aus dem Leib. „Das hab ich dir doch schon vorher gesagt“, hört man sein schlechtes Gewissen aus dem Off hallen. Detektivisch hinterfragt man seine letzten Mahlzeiten. Ja stimmt, da war eine Knoblauchzehe in der Tomatensauce. Ich hätte doch besser die Blumenkohlstückchen aus dem Salat sortieren sollen. Oder mir die Rhabarberschorle verkneifen? Oder war es der Kakao? Es hat bestimmt eine Laktoseunverträglichkeit! Das **SCHULDGEFÜHL** ist beim Anblick des Kleinen kaum zu ertragen. Wieder herrschen Verunsicherung, Angst und Schrecken, etwas falsch gemacht zu haben. Ab da wird auf Nummer sicher gegangen und eine Liste von all den Dingen, die man besser nicht essen sollte, erstellt. Am Ende landet man dann bei

Kartoffeln und Brot und bekommt durch **VITAMINMANGEL** Skorbut. Egal, wenigstens ist dem Baby geholfen. Oder vielleicht doch nicht? Nee, Baby schreit weiter. Aber man bleibt tapfer, isst die **EINSEITIGE KOST**, denn man weiß, dass es ja noch viel schlimmer wäre, wenn man das nicht täte. Aber Babys schreien einfach, weil die Verdauung eine große, anstrengende Sache ist. Manche kommen damit besser klar, andere weniger. Ich glaube, der Anspruch, Babys Schreien durch die eigene Ernährung zu verhindern, ist ziemlich unrealistisch und macht durch vorprogrammiertes Scheitern unglücklich.

Und ein schreiendes Baby muss nicht immer von Koliken geplagt werden. Da gibt es auch noch andere Gründe. Fragt lieber erst mal eure Hebamme um Rat. Also, solange ihr auf Sauerkraut- und Weißkohlpartys verzichtet, tut ihr eurem Baby mit einer abwechslungsreichen Ernährung bestimmt nichts Schlechtes. Denn ihr braucht **ENERGIEREICHES ESSEN** von guter Qualität. Was das ist, sollten der Appetit und die Lust entscheiden. Wenn man gewöhnt ist, **ABWECHSLUNGSREICH** und pikant zu essen, dann kann man das auch während des Wochenbettes weiter tun. Wenn man kaum frische Sachen isst, dann sollte man vielleicht die Finger vom Frischkornmüsli lassen, weil das dann schwer zu vertragen ist. Ich halte gute und böse Essenslisten für Quatsch. Denn was für den einen gut ist, muss nicht bei dem anderen funktionieren. Es gibt keine allgemeingültigen Ratschläge, was eine Mama essen sollte. Hört einfach weiter auf euer Bauchgefühl.

Im Ofen geschmorte Kartoffel-Fenchelpfanne

FÜR 1 GROSSE PORTION

Für die Kartoffel-Fenchelpfanne:
1 kg Kartoffeln, z. B. lilafarbene und rote
1 kg Fenchel (ca. 6 kleine Knollen)
2 Äpfel
500 g Möhren
50 ml Olivenöl
1 Esslöffel Honig
1 Esslöffel Kümmelsamen
4 Zweige frischer Thymian, gezupft
Meersalz und etwas Pfeffer
Gemüsebrühe nach Bedarf

Für den Kreuzkümmeljoghurt:
1 Esslöffel Kreuzkümmel
200 g türkischer oder griechischer Joghurt
Saft von ¼ Zitrone
Salz
Frische Kräuter nach Belieben, z. B. Petersilie oder Koriander

MAMA-TIPP:

Kümmel gehört zu den milchbildenden Frauenkräutern, das heißt, er regt in der Stillzeit die Milchproduktion an. Darüber hinaus kann Kümmel helfen, den Geschmack der Milch zu verbessern. Und Fenchel hilft nicht nur bei Bauchkrämpfen, sondern liefert auch die Vitamine A, E und C und die Mineralstoffe Kalium und Magnesium.

Dieses Gericht hat meine Mutter für mich ein paar Tage nach der Geburt gekocht. Sie vereinte damit alle milchfördernden Gemüsesorten in einem Topf. Und es war alles, worauf ich Lust hatte. Lasst euch davon am besten gleich eine Riesenportion machen. Dann habt ihr mehrere Tage was davon. Ich nahm es sogar mit, als wir zu Freunden fuhren.

Ofen auf 220 °C vorheizen. Gewaschene Kartoffeln, geputzte Fenchelknollen und die ungeschälten, entkernten Äpfel der Länge nach achteln. Möhren schälen, in der Mitte halbieren und die Hälften der Länge nach vierteln. Alles in eine Schüssel geben. In einer kleinen Schüssel Olivenöl mit Honig mischen. Kümmelsamen und Thymian unterrühren und die Sauce auf dem Gemüse und den Äpfeln verteilen. Mit den Händen alles gut vermischen und mit Salz und Pfeffer würzen. In einen hohen Bräter füllen und den Boden 2–3 cm mit Brühe bedecken. Deckel auflegen und im Ofen ca. 35 Minuten schmoren lassen. Deckel abnehmen und nochmals für 15 Minuten die oberste Schicht goldbraun rösten.
Für den Kreuzkümmeljoghurt Kümmelsamen im Mörser grob zerstoßen. In eine kleine Schüssel geben und mit dem Joghurt vermischen. Mit Zitronensaft und Salz abschmecken. Zusammen mit dem Schmorgemüse und frischen Kräutern servieren.

Türkische Joghurtsuppe

FÜR 4 PERSONEN

700 ml Wasser plus 250 ml Wasser extra
1 Teelöffel Salz
3 Esslöffel Bulgur (ersatzweise Reis)
500 g Naturjoghurt 3,8 % Fett
2 Esslöffel frische Minze oder Petersilie, gehackt
Einige Minzblätter zum Garnieren
Olivenöl zum Beträufeln
1 Zitrone, geviertelt

MAMA-TIPP:

Traditionellerweise wird die Suppe mit reichlich Minze serviert. Das ist, wenn man zu wenig Milch hat, nicht gerade förderlich, da Minze in großen Mengen eine milchhemmende Wirkung zugesprochen wird. Bei zu wenig Milch kann man die Minze dann einfach durch frisch gehackte Petersilie ersetzen.

Eine wunderbare Suppe, die jetzt richtig guttut und, dank des Joghurts, besonders milchfördernd und bekömmlich ist.

In einem großen Topf 700 ml Wasser mit Salz und Bulgur zum Kochen bringen und bei mittlerer Hitze den Bulgur 10 Minuten gar köcheln lassen. Joghurt mit den restlichen 250 ml Wasser verrühren und zum Bulgur geben. Das Ganze nun nicht mehr köcheln lassen, sonst gerinnt der Joghurt und die Suppe verliert ihre elegante Seidigkeit. Gehackte Minze (oder Petersilie) unterrühren und Suppe auf Tellern verteilen. Mit weiterer frischer Minze (oder Petersilie), einem Spritzer Olivenöl und je einem Zitronenviertel servieren.

Stillkugeln

ERGIBT CA. 40 KUGELN

½ Tasse feines Dinkelmehl
½ Tasse Dinkelgrieß
1 Tasse fein gemahlene Mandeln
4 Esslöffel Quinoa
1 Tasse Sonnenblumenkerne, grob gehackt
1 Prise gemahlener Kümmel
½ Tasse fester Honig (ca. 4 Esslöffel)
50 g kalte Butterstückchen (ersatzweise Kokosfett oder Mandelmus)
Kokosflocken, gerösteter Sesam und Kakaopulver zum Wälzen

Am besten man bereitet die Kugeln schon während der Schwangerschaft vor oder gibt das Rezept einer Freundin und lässt sich dann beschenken.

Mehl und Grieß in einer Pfanne ohne Öl rösten, bis die Mischung leicht gebräunt ist. Danach in eine große Schüssel geben und zur Seite stellen. Mandeln, Quinoa und Sonnenblumenkerne bei mittlerer bis hoher Hitze ebenfalls in der Pfanne rösten, bis sie ein wenig Farbe annehmen.
Mandeln, Quinoa und Sonnenblumenkerne zu der Mehl-Grieß-Mischung in die Schüssel geben und Kümmel und Honig untermischen. Masse etwas abkühlen lassen. Anschließend die Butterstückchen hinzugeben und alles gut miteinander verkneten. Aus dem Teig kleine Kugeln formen und diese dann in Kokosflocken, Sesam oder Kakaopulver wälzen.

MAMA-TIPP:

Diese kleinen gesunden Pralinen machen ihrem Namen alle Ehre. Hier ist alles drin, was fürs Stillen gut ist. Nüsse, Quinoa, wertvolle Getreidesorten und natürlich das Stillgewürz Nummer eins: der Kümmel.

Gemüse-Getreideeintopf *mit* Kalb

FÜR 4 PERSONEN

300 g Kalbfleisch (z. B. Schulter), in 2 cm große Würfel geschnitten
Olivenöl zum Anbraten
200 g Kürbis, geschält und in Würfel geschnitten
300 g bunte Möhren, geschält und in Scheiben geschnitten
60 g Quinoa
1 Esslöffel Kümmel
1 Liter Brühe
200 g Paprika, in Würfel geschnitten
200 g Zucchini, in Würfel geschnitten
100 g Tomaten, in Würfel geschnitten
100 g Cherrytomaten, halbiert
Salz
Frische Petersilie

Bitte nehmt die Gemüsemengenangaben nicht zu genau. Ich gebe hier nur Richtwerte. Wenn ihr mehr Paprika und dafür weniger oder gar keine Möhren verwenden wollt, dann tut es einfach. Auf jeden Fall handelt es sich hierbei um eine kräftigende, supergesunde und aufbauende Mamasuppe. Und Papa kann das bestimmt auch vertragen.

In einem großen Bräter Kalbfleisch bei mittlerer Hitze in Olivenöl anbraten. Kürbis und Möhren hinzugeben und 3 Minuten mit anbraten. Quinoa und Kümmel unterrühren und mit Brühe ablöschen. 25 Minuten bei geringer Hitze mit geschlossenem Deckel köcheln lassen. Paprika und Zucchini hinzufügen und zugedeckt weitere 7 Minuten simmern lassen. Dann die Tomaten hinzufügen und 3 Minuten im Sud ziehen lassen. Mit Salz abschmecken. Petersilie grob hacken, Suppe auf Teller verteilen und mit Petersilie bestreut servieren. Fertig!

MAMA-TIPP:

Quinoa gehört zu den besten pflanzlichen Eiweißquellen der Welt. Auch der Mineralienreichtum von Quinoa schlägt den unserer üblichen Getreidearten um Längen. Also nichts wie ran an den Eintopf.

DURSTLÖSCHER

Ihr schwitzt, ihr stillt. Ihr verliert viel Wasser. Früher wart ihr kleine **TRINKMUFFEL**, die sich ständig daran erinnern mussten, zwischendurch mal ein Glas **WASSER** zu trinken? Vergesst es. Vier Liter? Locker! Jetzt muss euch keiner mehr daran erinnern, zu trinken. Wasser ist fantastisch, aber mit der Zeit auch ein wenig langweilig. Hier kommen ein paar Getränke, die etwas **ABWECHSLUNG** bringen und gleichzeitig supergut für euch sind. Alle, die nicht stillen, sind vielleicht nicht ganz so **DURSTIG**, aber Flüssigkeit braucht man trotzdem und sie tut gut.

Hausgemachtes Ginger Ale *mit* Malzbier

Malzbier ist gut. Ingwer ist gut. Das Beste aus beiden Welten vereint ihr mit diesem „Wochenbett-Cocktail".

FÜR 2 DRINKS (DIE ABER GUT UND GERNE VON EINER PERSON GETRUNKEN WERDEN KÖNNEN)

70 g Ingwer, grob gehackt
120 ml Wasser
2 Esslöffel Honig
2 Esslöffel Zucker
½ Zitrone
1 Dose Malzbier, gut gekühlt

Ingwer mit Wasser, Honig und Zucker zum Kochen bringen. Aufkochen lassen. Dann die Hitze reduzieren und alles 10 Minuten vor sich hinköcheln lassen. Topf zur Seite stellen und alles erkalten lassen. Durch ein Sieb gießen. Sirup dabei auffangen. Kalt stellen.
Für den Cocktail 2–3 Teelöffel Sirup in ein Glas geben. Mit einem Spritzer Zitrone versehen und mit Malzbier aufgießen. Sofort genießen.

MAMA-TIPP:

Der Ingwersirup hält sich im gut verschlossenen Gefäß bis zu drei Wochen.

Mama-Babytee

Ein Klassiker, der hier natürlich nicht fehlen darf.

ERGIBT 100 G TEEMISCHUNG

25 g Kümmelsamen
25 g Anissamen
25 g Fenchelsamen
25 g Brennnesselblätter

Alle Zutaten miteinander mischen und in einer luftdichten Teedose aufbewahren. 1 Liter kochendes Wasser mit 1 Esslöffel der Teemischung aufgießen und 5 Minuten ziehen lassen. Tee durch ein Sieb gießen.

Mango-Maracuja-Lassi

ERGIBT 1 GROSSES ODER
2 KLEINE GLÄSER

½ Maracuja
½ Mango, geschält und in Stücke geschnitten
3 Esslöffel Joghurt
¼ Teelöffel Kümmel
6 Eiswürfel
1 Esslöffel Agavendicksaft
50 ml kaltes Wasser

Erfrischend und sättigend. Die perfekte Zwischenmahlzeit. Der Kümmel findet auch in dem eher süßen Getränk Verwendung. Ihr werdet überrascht sein, wie gut das passt. Traditionell trinkt man den Lassi eher dickflüssig. Ich mag das. Aber Vorsicht: Macht am besten gleich etwas mehr, denn auch ältere Geschwisterkinder werden begeistert sein.

Maracuja halbieren und das Fruchtfleisch einer Hälfte in ein hohes Gefäß geben. Die andere Hälfte in Folie schlagen und im Kühlschrank für einen anderen Zweck aufbewahren. Die restlichen Zutaten hinzufügen und mit einem Handstabmixer mixen, bis sich alles verbunden hat. In hohe Gläser füllen und sofort genießen.

MAMA-TIPP:

Bitte kriegt jetzt keine Panik. Auch wenn immer alle sagen: „Bloß keine Früchte, das macht dem Baby einen wunden Popo", wird dem Baby diese halbe Maracuja samt ihrer Säure nichts anhaben können. Es geht eher darum, dass ihr nicht gerade zwei Liter Orangensaft am Tag trinkt. Früchte sind gerade jetzt sehr wichtig und versorgen euch mit Vitaminen, die ihr braucht. Außerdem hat mir in Brasilien mal jemand erzählt, dass Maracuja eine beruhigende Wirkung hat. Und das kann ja nie schaden.

Basilikum-Limettenade

Basilikum ist die neue Minze.

FÜR 4 GLÄSER

50 g Zucker
50 ml Wasser
1 Bund Basilikum, gezupft und ein paar Blätter davon zur Seite gestellt
2 Limetten
Eiswürfel
500 ml Sprudelwasser

In einem kleinen Topf Zucker, Wasser und Basilikum zum Kochen bringen. Auf kleinster Stufe köcheln lassen, bis sich der Zucker aufgelöst hat. Zur Seite stellen und völlig abkühlen lassen. Den Abrieb einer Limette samt Saft zu dem Basilikumsirup hinzufügen. Die zweite Limette in dünne Scheiben schneiden.
Eiswürfel, zur Seite gestellte Basilikumblätter und Limettenscheiben auf 4 Gläser verteilen oder in einen großen Pitcher geben. Sirup darübergießen und mit Sprudelwasser auffüllen. Sofort trinken.

Honig-Pfefferschorle

Auch wenn es sich erst mal gewöhnungsbedürftig anhört, passt Pfeffer in dieser Schorle überraschend gut. Bei diesem Getränk kommt garantiert keine Langeweile auf.

ERGIBT 5 SCHORLEN

2 Esslöffel schwarzer Pfeffer, zerstoßen
50 ml Wasser
50 g Honig
Eiswürfel
1 Spritzer Zitrone
Sprudelwasser

Pfeffer im Mörser zerstoßen und in einem kleinen Topf ca. 1–2 Minuten bei mittelhoher Hitze rösten. Wasser hinzugeben und 5 Minuten köcheln lassen. Weitere 10 Minuten ziehen lassen. Dann abseihen und mit dem Honig vermischen. Sirup kalt stellen. Zum Servieren Eiswürfel in ein Glas geben, 2 Esslöffel Sirup und einen Spritzer Zitronensaft hinzufügen. Mit Sprudelwasser auffüllen und überraschen lassen.

MAMA-TIPP:

Sensible Babys können auf den Pfeffergeschmack reagieren. Also vielleicht nicht gleich einen ganzen Liter verdrücken. Pfeffer-Honigsirup hält sich im gut verschlossenen Schraubglas drei bis vier Wochen.

Birnen-Rosmarin-schorle

Bild auf S. 94 links unten. Birnen, aber auch Äpfel harmonieren ganz wunderbar mit Rosmarin.

ERGIBT CA. 0,75 LITER

1 gehäufter Esslöffel frischer Rosmarin, gehackt, plus Extrazweige für die Deko
50 ml Wasser
350 ml Birnensaft
350 ml Sprudelwasser

In einem kleinen Topf Rosmarin und Wasser zum Kochen bringen. Herd ausschalten und Rosmarin 5 Minuten ziehen lassen. Flüssigkeit durch ein Sieb in eine Karaffe gießen. Zwei Rosmarinzweige andrücken und in die Karaffe geben. Mit Birnensaft und Sprudelwasser auffüllen. Fertig.

Holunder-Apfelschorle

Hugo für Anfänger.

FÜR CA. 1 LITER SCHORLE

400 ml Apfelsaft
50 ml Holunderblütensirup
Einige Zweige Minze
500 ml Sprudelwasser

In einer großen Karaffe Apfelsaft mit Holunderblütensirup und Minzzweigen mischen. Mit Wasser auffüllen. Fertig.

SEELENTRÖSTER

In der einen Sekunde könnt ihr euer **GLÜCK** kaum fassen, fühlt euch einfach von innen heraus selig und zufrieden. In der nächsten Sekunde fällt ein falsches Wort und ihr seid mit der neuen Situation überfordert. **TRÄNEN** fließen die Wangen runter und ihr wisst nicht wohin mit euch? Völlig normal. Kein Grund zur Panik. Ja, die **HORMONE** können schwanken nach der Geburt. Von „Ich fühle mich wie immer“ bis zum ernsthaften Babyblues ist alles drin. Die meisten kennen die **HOCHS UND TIEFS** nach der Schwangerschaft – oder werden sie kennenlernen. Alles ist im Fluss und darf und soll **FLIESSEN**. Was jetzt gut ist, ist eine geborgene Umgebung und gemütliches Wohlfühlessen.

Mandelhühnchen-Curry

FÜR 4 PORTIONEN

250 g Basmati- oder Jasminreis
1 Teelöffel Koriandersamen
2 Teelöffel Kümmel
Samen von 6 zerdrückten Kardamomkapseln
1 Teelöffel Pfefferkörner
1 Knoblauchzehe, geschält
1 kleine Zwiebel, geschält
1 daumengroßes Stück Ingwer
1 Teelöffel Currypulver oder ½ Teelöffel Kurkuma
1 Teelöffel Zucker
1 Teelöffel Salz
50 g Mandeln plus zwei Esslöffel
50 ml Wasser
1 Esslöffel Öl
200 ml Hühnerbrühe
2 Sternanis
1 Stange Zimt
500 g Hähnchenschenkel, vom Knochen befreit und in Würfel geschnitten
100 g goldene Sultaninen

Dieses Curry ist cremig und würzig, ohne euch mit Schärfe zu erschlagen. Die Zubereitung ist etwas aufwendiger. Im Frühwochenbett unbedingt bekochen lassen!

Reis nach Packungsanleitung im Topf oder Reiskocher zubereiten. In einem Bräter Koriandersamen, Kümmel, Kardamomsamen und Pfefferkörner ca. 2 Minuten bei mittlerer Hitze unter ständigem Rühren rösten. Die duftenden Gewürze zusammen mit Knoblauch, Zwiebel, Ingwer, Currypulver, Zucker, Salz, Mandeln und 50 ml Wasser in ein hohes Gefäß geben und mit dem Stabmixer zu einer feinen Paste pürieren. Öl im Bräter erhitzen und die Paste darin ca. 4 Minuten unter gelegentlichem Rühren anbraten. Hühnerbrühe dazugießen und Bratensatz vom Boden lösen. Sternanis, Zimt, Hähnchen und Sultaninen hineingeben und 15–20 Minuten auf kleiner Flamme köcheln lassen. Dabei gelegentlich umrühren.
2 Esslöffel Mandeln grob hacken und ohne Fett in einer Pfanne rösten. Curry mit Mandeln bestreuen und mit Reis servieren.

MAMA-TIPP:

Wisst ihr, warum es im Winter Lebkuchen gibt? Weil man den Gewürzen darin stimmungshebende Eigenschaften zuspricht, die man während der kalten, dunklen Wintermonate nur zu gut gebrauchen kann. Super, das kann uns im Wochenbett auch nicht schaden.

„Papa-delle“ *mit* Salsicciaragout

FÜR 4 PORTIONEN

1 Zwiebel
1 Knoblauchzehe
1 Fenchelknolle
2 Esslöffel Olivenöl
300 g frische Bratwurst
1 gehäufter Teelöffel Fenchelsamen
½ Teelöffel Kümmel
2 Dosen Tomaten (gehackt, je 400 g)
4 Esslöffel altbackenes Brot, gerieben
2 Esslöffel Butter
400–500 g Pappardelle (bitte verzeiht den Wortwitz in der Überschrift)
2 Esslöffel frische Petersilie, gehackt

MAMA-TIPP:

Fenchel gehört ja mit zu den absoluten Hits in der Liste der Wochenbett-Gemüse und kann praktisch überall mit reingeschnippelt werden. Hier passt er allerdings aufgrund der Fenchelsamen-Salsiccia besonders gut.

Ein Teller gute Pasta mit geschmortem Ragout katapultiert mich sofort in meine Komfortzone. Wenn ich nicht drei Stunden warten muss, bis das Ragout fertig ist, ist es umso besser. Die Mengenangaben sind für vier Personen ausgelegt, was nicht heißt, dass ihr das Gericht in Gesellschaft essen müsst. Macht trotzdem eine große Portion, denn die Sauce schmeckt aufgewärmt fast noch besser.

Zwiebel und Knoblauch schälen und fein hacken. Den Fenchel vom Strunk befreien, halbieren und ebenfalls in kleine Würfel schneiden. 2 Esslöffel Olivenöl in einen gusseisernen Bräter geben und Zwiebeln und Knoblauch bei mittlerer Hitze 5 Minuten anbraten, dabei gelegentlich umrühren. Wurst aus der Pelle drücken. Dabei kleine Bällchen formen und diese zusammen mit der Zwiebelmischung goldbraun anbraten. Fenchel und Kümmel dazugeben und mit anbraten. Mit Tomaten ablöschen und 20–30 Minuten auf kleinster Stufe köcheln lassen.
Semmelbrösel mit Butter in einer Pfanne bei mittlerer Temperatur goldbraun rösten. Nudeln al dente kochen. Abgießen und mit dem Fenchel-Salsicciaragout mischen.
Mit Semmelbröseln und Petersilie bestreuen und genießen.

Buchteln *mit* Kardamom-Aprikosen

FÜR 4–6 PERSONEN

Für die Aprikosen:
7–10 Kardamomkapseln, je nach Geschmack
750 g Aprikosen, entsteint und halbiert
3 Esslöffel Wasser
3 Esslöffel Aprikosenmarmelade

Für die Buchteln:
220 ml Milch
1 Packung Trockenhefe
60 g brauner Zucker
450 g Mehl (z. B. Dinkelmehl) plus mehr für die Arbeitsfläche
2 Eigelbe
80 g weiche Butter plus 50 g flüssige Butter
1 Prise Salz
Marmelade für Füllung
Puderzucker zum Bestäuben

Duftende, frische Hefebuchteln mit Gewürzkompott. Ich hätte mir für dieses Gericht im Wochenbett ein Bein ausgerissen. Gott sei Dank hat sich eine gute Freundin erbarmt und sie mir mitgebracht. Und das Rezept hat sie mir auch noch vermacht. Merci!

Kardamomkapseln im Mörser zerstoßen und die Kapselhüllen entfernen. Samen grob mörsern. In einem mittleren Topf Aprikosen mit Wasser und Kardamomsamen zugedeckt zum Kochen bringen und bei mittlerer Hitze 7 Minuten köcheln lassen. Gelegentlich umrühren. Aprikosenmarmelade unterrühren und alles zur Seite stellen.
Für den Teig in einem kleinen Topf Milch lauwarm erwärmen. Hefe mit 1 Prise Zucker in der lauwarmen Milch auflösen. Mehl, restlichen Zucker, Eigelbe, weiche Butter und Salz in eine große Schüssel geben. Hefemilch hinzufügen und mit der Küchenmaschine 5 Minuten verkneten, bis der Teig weich und elastisch ist. Zugedeckt an einem warmen Ort 30 Minuten gehen lassen. In der Zwischenzeit eine Backform (20 x 30 cm) mit Backpapier auskleiden. Den Backofen auf 180 °C vorheizen. Den Teig dünn ausrollen und mit einem Keksausstecher oder einem Glas runde Kreise ausstechen. In die Mitte jedes Kreises einen Esslöffel Marmelade platzieren und die Buchteln gut verschließen, sodass die Marmelade nicht herausrinnen kann. Die Buchteln dicht nebeneinander, mit der verschlossenen Seite nach unten zeigend, in die vorbereitete Form setzen.
Nochmals an einem warmen Ort zugedeckt 30 Minuten gehen lassen. Danach mit flüssiger Butter bestreichen und im Ofen auf der untersten Schiene für ca. 30 Minuten backen. Auskühlen lassen, mit Puderzucker bestreuen und mit Aprikosen servieren. Ich esse Buchteln am liebsten noch lauwarm.

Schokoladentarte

Der absolute Schokoladentarteklassiker. Ich liebe diesen Kuchen einfach!

FÜR EINE SPRINGFORM VON 24 CM DURCHMESSER

200 g gute Zartbitterschokolade
200 g Butter
220 g Zucker
5 Eier
2 Esslöffel Mehl
1 Prise Salz
1 Teelöffel Instant-Espressopulver
1 Esslöffel Kakao zum Bestäuben

Schokolade und Butter in der Mikrowelle oder in einem Topf auf der Herdplatte schmelzen. Schokoladen-Butter-Mischung in eine große Rührschüssel füllen und den Zucker einrieseln lassen. Mit dem Handmixer auf kleinster Stufe gut verschlagen. Nach und nach die Eier einzeln zugeben und unterrühren. Zum Schluss das Mehl, Salz und das Espressopulver kurz untermengen.
Ofen auf 190 °C vorheizen. Den Teig in eine eingefettete Springform füllen und 22 Minuten backen. Nach dem Auskühlen mit Kakaopulver bestäuben.

MAMA-TIPP:

Dass Schokolade die Laune hebt, muss ich ja wohl keinem erklären. Tarte mindestens einen halben Tag vor dem Verzehr backen.

6 WOCHEN– 6 MONATE

VIEL MILCH / WENIG ZEIT

Das Wochenbett ist überstanden. Langsam gewöhnt ihr euch an euren neuen **FAMILIENALLTAG**. Baby bekommt jetzt erst mal nur Milch, Wärme und Geborgenheit. Ihr braucht jetzt viel Energie. Bei dem vielen Stillen und den kurzen Nächten fühlt man sich schnell ausgelaugt. Ihr werdet hungrig sein. Ihr verbraucht jetzt 500–700 Kalorien mehr am Tag (in der Schwangerschaft waren es „nur" 300 Kalorien zusätzlich). Deswegen fallen die Mengenangaben in diesem Kapitel auch ein bisschen großzügiger aus. Auch der **HEISSHUNGER** wird euch packen. Schoki-Attacken in der Nacht sind da nichts Ungewöhnliches. Gebt dem Verlangen nach und denkt jetzt nicht ans Abnehmen. Die Schadstoffe und Umweltgifte, die in euren Fettdepots gespeichert sind und beim Abnehmen eingeschmolzen werden, gehen in die Muttermilch und damit auch an euer Baby über. Auch wenn ihr euch nach eurer alten Figur sehnt und nicht zu der Sorte Frau gehört, die zwei Wochen nach der Geburt wieder in die alten Hosen reinpasst, habt **GEDULD**! Wenn ihr jetzt anfangt, euch mit Diäten verrückt zu machen, schadet ihr nicht nur euch, sondern auch eurem Baby. Habt Vertrauen: Wenn ihr weniger stillt, habt ihr auch weniger Hunger. Da werdet ihr euch auch fitter und gestärkter fühlen und mehr Lust auf Sport oder Bewegung bekommen. So kommt alles von selbst, aber eben zu seiner Zeit. Viel wichtiger ist es, dass ihr euch jetzt so viel Gutes wie möglich tut und nicht streng mit euch seid. Nutzt kleine Pausen, z. B. wenn Oma oder Opa mit Baby spazieren gehen, um euch ausgiebig zu duschen und einzucremen. Schlaft, wann immer es geht – bietet sich vor allem an, wenn das Baby schläft –, oder schickt Papa mit dem Baby nach draußen und geht zum Friseur. Und esst gute Sachen. Das heißt, dass man neben Schokolade auch mal zu Nüssen, Stillkugeln (siehe S. 84) und Bananen greift. Das sind energiereiche Alternativen. Also, her mit den milchfördernden, gesunden und ausgewogenen Rezepten! Und weil sich viele Mamas zu Recht fragen: „Ich kann ja noch nicht mal aufs Klo gehen, wie soll ich dann die Zeit finden, ein Essen zu kochen?", muss es schnell gehen. Ich habe mir meine Kleine beim Kochen ins Tuch gesetzt. So war sie dabei und (in den meisten Fällen) auch zufrieden, damit konnte ich die Zeit für diese **SCHNELLEN GERICHTE** aufbringen.

FRÜHSTÜCK

BANANEN-HAFER-MALZ-SHAKE S. 112
KARTOFFEL-SCONES S. 114
SUPERSMOOTHIE UND FRÜHSTÜCKSTORTILLA S. 116
GRUYÈRE-OMELETT MIT SOJAPILZEN S. 118

MITTAGESSEN

FORELLE MIT BUNTER BETE UND WASABIDRESSING S. 120
ERBSEN-MINZE-FRITTATA S. 122
GEMÜSE-GALETTE MIT GESCHMORTEM FENCHELSALAT S. 124
PIADINA MIT PARMASCHINKEN UND MOZZARELLA S. 126

ABENDESSEN

DAS PERFEKTE STEAK PLUS HEIRLOOM-TOMATENSALAT S. 130
ZITRONEN-ZIMT-COUSCOUS MIT APRIKOSENHUHN S. 132
TANDOORI-LACHS MIT GURKEN-KARTOFFELSALAT S. 134
MEINE CARBONARA S. 136

SÜSSES

SCHOKOMOLE S. 140
MONT BLANC S. 140
ETON MESS MIT JOHANNISBEEREN S. 142
GRIECHISCHER JOGHURT MIT HONIG UND NÜSSEN S. 142

WARM UMS HERZ

MATCHA-CAPPUCCINO S. 144
KÜRBIS-LATTE MIT GEWÜRZEN S. 144
HEISSE KARAMELLSCHOKOLADE S. 146
HEISSE WEISSE MIT MUSKAT S. 146

Bananen-Hafer-Malz-Shake

FÜR 1 GROSSES GLAS

250 ml Mandelmilch
2 Datteln, entkernt
1 reife Banane, am besten gefroren und in Stücke geschnitten
2 Esslöffel Dinkel- oder Haferflocken
1 Prise Zimt
1 Teelöffel Kakao
1 Teelöffel Malzkaffeepulver

Zwischen Windelwechseln, Stillen, Beruhigen, Bespaßen und einfach mal Staunen, was man für ein kleines Wunder in die Welt gesetzt hat, muss es schnell gehen. Gerade wenn das Frühstück in dem ganzen Brass zu kurz kommt, verdurstet man auf der halben Strecke. Dieses Rezept geht blitzschnell und versorgt euch lange mit guter Energie.

Alle Zutaten in einen Standmixer geben und pürieren, bis sich alles miteinander verbunden hat. In ein großes Glas füllen und genießen.

MAMA-TIPP:

Die guten alten Haferflocken sind sehr gesunde und hochwertige Energielieferanten, die mit jeder Menge Vitaminen und komplexen Kohlehydraten punkten können. Diese langkettigen Kohlehydrate machen lange satt und das in ihnen enthaltene Zink sorgt zusätzlich für eine schöne Haut. Auch Datteln sind nicht zu unterschätzen, da sie neben einer Menge Zucker auch diverse Mineralstoffe und Vitamine enthalten. Und die Banane sorgt mit ihren natürlichen Neurotransmittern für gute Laune.

Kartoffel-Scones

FÜR 4 PERSONEN

4 mittelgroße mehlige Kartoffeln, gekocht
4 Esslöffel Mehl und etwas zum Bestäuben
150 g Gruyère (oder ein anderer herzhafter Käse), gerieben
½ Teelöffel Salz
1 Prise Muskatnuss, gerieben
2 Esslöffel Olivenöl
4 Scheiben Schinken
1 Stich Butter
6 Eier
Salz und Pfeffer
4 Zweige frischer Oregano, Blätter gezupft

Ich hatte an einem Morgen mal wieder das Frühstück übersprungen (kommt in dieser Phase leider häufiger vor) und um 11:00 Uhr richtig Hunger. Zu früh für ein Mittagessen und zu spät fürs Frühstück. Brunchrezepte sind die Antwort.

Kartoffeln auf einer sauberen Arbeitsplatte mit dem Kartoffelstampfer zerdrücken (notfalls geht auch eine Gabel). Mehl und Käse darübergeben und mit Salz und Muskatnuss würzen. Mit den Händen alles locker durchmengen, ohne zu viel zu kneten. Den Teig vierteln und in vier gleich große Taler formen. Mit Mehl bestäuben und zur Seite stellen.
Öl in einer Pfanne erhitzen und die Taler von beiden Seiten bei mittlerer Hitze ca. 12–15 Minuten anbraten. Dabei gelegentlich wenden. Kartoffelplätzchen aus der Pfanne nehmen und beiseitestellen. Die Schinkenscheiben anbraten und ebenfalls zur Seite stellen. Butter in der Pfanne zerlassen. Die Eier aufschlagen, verquirlen und mit Salz und Pfeffer würzen. In die Pfanne geben und sofort die Hitze ausschalten. Die Eimasse sanft mit einem Gummischaber umherwälzen und noch feucht auf die Kartoffelplätzchen geben. Schinken darüberlegen, nochmals pfeffern und mit den Oreganoblättern servieren.

Supersmoothie *und* Frühstückstortilla

FÜR 1 GROSSES GLAS UND 1 TORTILLA

Für den Smoothie:
1 gefrorene Banane, geschält
70 g gefrorene Himbeeren
3 Esslöffel Joghurt
250 ml Apfelsaft
1 Esslöffel Leinsamen

Für die Tortilla:
1 Vollkornweizen-Soft-Tortilla
2 Eier
1 Esslöffel Sahne
Salz
1 Stich Butter
1 Teelöffel Schnittlauch, gehackt
½ Avocado
4 Cherrytomaten, halbiert

Der kalifornische Frühstücksklassiker hat es mir angetan. Klar, ich bin nach wie vor ein großer Fan vom alltäglichen Marmeladenbrot oder Müsli, aber diese Variante ist frisch, abwechslungsreich und sättigend, ohne zu beschweren.

Für den Smoothie alle Zutaten in einem Gefäß mit dem Stabmixer pürieren, bis alles sämig ist. Kühl stellen.
Tortilla in einer beschichteten Pfanne bei hoher Hitze 5 Sekunden pro Seite erwärmen, auf einen Teller legen und warm halten.
Eier mit Sahne verquirlen und mit Salz würzen. In der Resthitze der Tortillapfanne Butter schmelzen und die Eier darin stocken lassen. Dabei zwischendurch mit einem Pfannenwender vorsichtig am Pfannenboden entlangschaben, bis das flüssige Ei cremig ist. Mit Schnittlauch bestreuen und auf die Tortilla geben. Die halbe Avocado mithilfe einer Gabel zerdrücken, mit 1 Prise Salz würzen und auf dem Rührei verteilen. Zum Schluss die Tortilla mit Cherrytomaten belegen und aufrollen. Mit einem Brotmesser in der Mitte durschneiden und sofort zusammen mit dem Smoothie genießen.

Gruyère-Omelett *mit* Sojapilzen

FÜR 1 PERSON

250 g Pilze gemischt, z. B. Seitling, Champignon, Shitake
3 Eier
Salz und Pfeffer
40 g Gruyère (oder ein anderer pikanter Bergkäse), gerieben
1 Esslöffel Olivenöl
2 Esslöffel Butter
2 Esslöffel Sojasauce

Die Sojasauce bildet zusammen mit der Butter eine wunderbar würzige Sauce, die mit den Pilzen harmoniert. Einfach perfekt zu dem pikanten Käse.

Pilze in unregelmäßige, aber mundgerechte Stücke schneiden bzw. reißen. In einer kleinen Schüssel Eier verquirlen und mit Salz und Pfeffer würzen. Käse hinzugeben und unterrühren.
Eine gusseiserne Pfanne auf höchster Stufe erhitzen. Wenn die Pfanne sehr heiß ist, das Öl und die Pilze hineingeben und 3–4 Minuten braten, bis die Pilze braun sind und zusammenfallen. Dabei gelegentlich umrühren. Zum Schluss 1 Esslöffel Butter und die Sojasauce unter die Pilze rühren.
Eine beschichtete Pfanne bei mittlerer Temperatur erhitzen, 1 Esslöffel Butter in die Pfanne geben und die Eiermischung hineingießen. Evtl. Hitze reduzieren und 3 Minuten stocken lassen, bis die Unterseite fest, die Oberseite aber noch cremig und glänzend ist. Das Omelett in der Mitte zusammenklappen und auf einen Teller geben. Mit Salz und Pfeffer abschmecken und mit den Pilzen servieren.

Forelle *mit* bunter Bete *und* Wasabidressing

FÜR 2 PERSONEN

Für den Salat:
2 Stück bunte Bete, z. B. pink und gelb
4 Radieschen
150 g gemischter grüner Blattsalat, gewaschen
100 g geräucherte Forelle
1 Esslöffel Dill, grob gehackt
1 Teelöffel schwarzer Sesam

Für das Dressing:
2 Esslöffel Reisessig
1 Teelöffel Wasabipaste
1 Teelöffel Zucker
1 Prise Salz
4 Esslöffel Olivenöl

MAMA-TIPP:

Wenn ihr ganz wenig Zeit habt, dann könnt ihr auch auf gekochte Rote Bete aus der Vakuumverpackung ausweichen.

Das hört sich aufwendiger an, als es ist, und macht schon beim bloßen Anblick Freude.

In einem Topf die Bete knapp mit Wasser bedecken und mit geschlossenem Deckel bei mittlerer Hitze ca. 25 Minuten gar kochen. Aus dem Wasser nehmen und etwas abkühlen lassen. Mit einem kleinen Messer schälen und in dünne Scheiben schneiden. Radieschen ebenfalls in dünne Scheiben schneiden.
Für das Dressing Reisessig, Wasabipaste, Zucker und Salz in ein kleines Einmachglas füllen. Gut verschließen und schütteln, bis sich der Zucker und das Salz aufgelöst haben. Öl hinzugeben und nochmals mit geschlossenem Deckel alles durchschütteln. In einer großen Schüssel den Salat, die Bete und die Radieschen mit ⅔ des Dressings mischen. Auf einer großen Servierplatte verteilen. Den Fisch in Stücke zerteilen und obendrauf geben. Mit dem restlichen Dressing beträufeln und mit Dill und Sesam bestreut servieren.

Erbsen-Minze-Frittata

FÜR 2 PORTIONEN

2 mittelgroße Pellkartoffeln vom Vortag (ca. 170 g)
1 Teelöffel Butter
4 Eier
1 Prise Salz
50 g Feta
70 g Tiefkühlerbsen
1 Esslöffel Minze, gehackt, plus einige gezupfte Blätter

Diese Frittata ist wirklich im Handumdrehen zubereitet und schmeckt auch noch kalt ganz vorzüglich!

Kartoffeln schälen und in Scheiben schneiden. In einer gusseisernen Pfanne bei mittlerer Hitze Butter zerlassen und die Kartoffelscheiben hineinlegen. In einer kleinen Schüssel Eier mit 1 Prise Salz verquirlen. Eier über die Kartoffeln gießen und für 1 Minute bei geringer Hitze stocken lassen. Feta zwischen den Fingerspitzen zerkrümeln und mit den Erbsen darauf verteilen. Mit geschlossenem Deckel für weitere 6–8 Minuten, je nachdem wie cremig oder fest man seine Frittata mag, fertig garen. Mit der gehackten Minze und den Minzblättern servieren.

Gemüse-Galette *mit* geschmortem Fenchelsalat

FÜR 4 GALETTES

Für den Teig:
100 g Buchweizen- oder Dinkelmehl
200 ml Milch
100 ml Sprudelwasser
1 Ei
½ Teelöffel Salz
2 Esslöffel Olivenöl

Für die Füllung:
1 Möhre
1 Fenchelknolle
6 Cherrytomaten
60 g Parmesan
Pfeffer
2 Esslöffel Mikro-Basilikum
oder Oreganoblättchen

Galettes sind Crêpes aus Buchweizenmehl, die meist mit salzigen Füllungen serviert werden. Buchweizen ist nicht immer zu bekommen, deshalb bin ich hier auf Dinkel ausgewichen. Die salzige Füllung ist allerdings geblieben.

Zuerst den Teig herstellen: In einer großen Schüssel Mehl mit Milch, Sprudelwasser, Ei, Salz und 1 Esslöffel Olivenöl mit dem Schneebesen verrühren, bis ein glatter Teig entstanden ist.
Zur Seite stellen und ca. 15 Minuten ruhen lassen.
In der Zwischenzeit Möhre schälen und in Stifte schneiden. Fenchelknolle halbieren und der Länge nach in dünne Streifen schneiden, sodass die einzelnen Lagen noch vom Strunk zusammengehalten werden. Cherrytomaten halbieren. In einer Pfanne 1 Esslöffel Olivenöl erhitzen und Gemüse (zuerst Möhre mit Fenchel und zum Schluss die Tomaten) darin scharf anbraten, bis alles schön gebräunt ist. Gemüse auf einen Teller geben und zur Seite stellen.
Pfanne mit einem in Öl getränkten Küchenkrepp auswischen. Eine kleine Kelle Teig in die Pfanne geben. Pfanne schwenken, damit sich der Teig gleichmäßig auf dem Pfannenboden verteilt, und die Galette bei mittlerer Hitze backen. Warten, bis sich der Rand von allein löst. Erst dann wenden und auf der anderen Seite eine weitere Minute backen. Auf einen Teller geben und warm stellen. Den Vorgang wiederholen, bis alle Galettes gebacken sind.
Die Galettes auf die Teller verteilen und mit dem gemischten Gemüse füllen. Den Rand der Galettes umschlagen, das sieht einfach hübscher aus. Kann man sich bei akuter Ungeduld aber auch sparen. Mit einem Sparschäler Parmesanlocken herstellen und darübergeben. Pfeffern und mit frischen Kräutern servieren.

Piadina *mit* Parmaschinken *und* Mozzarella

FÜR 2 PERSONEN

2 große oder vier kleine Tortilla-Fladen (fertig gekauft oder nach Rezept auf S. 227)
4 Scheiben Parmaschinken oder ein anderer luftgetrockneter Schinken
1 Mozzarella, in Scheiben geschnitten (150 g)
Olivenöl zum Bestreichen

Nach den Piadine wurde ich in Italien süchtig. Der perfekte leichte Mittagssnack und dabei so schnell und einfach zubereitet. Das hier ist meine Lieblingskombination.

Teigfladen mit Schinken und Mozzarella belegen. Die großen Tortillas in der Mitte zusammenfalten, die kleinen mit einer weiteren kleinen Tortilla zudecken. Von außen mit Olivenöl bestreichen und in einer mittelheißen Pfanne ca. 1 Minute pro Seite goldbraun braten, bis der Käse geschmolzen ist. In Stücke schneiden und sofort servieren. Dazu passt ein einfacher, knackiger grüner Salat.

MAMA-TIPP:

Tolle Kombinationen sind außerdem Mortadella mit Taleggio oder Gorgonzola mit Birne und Rucola.

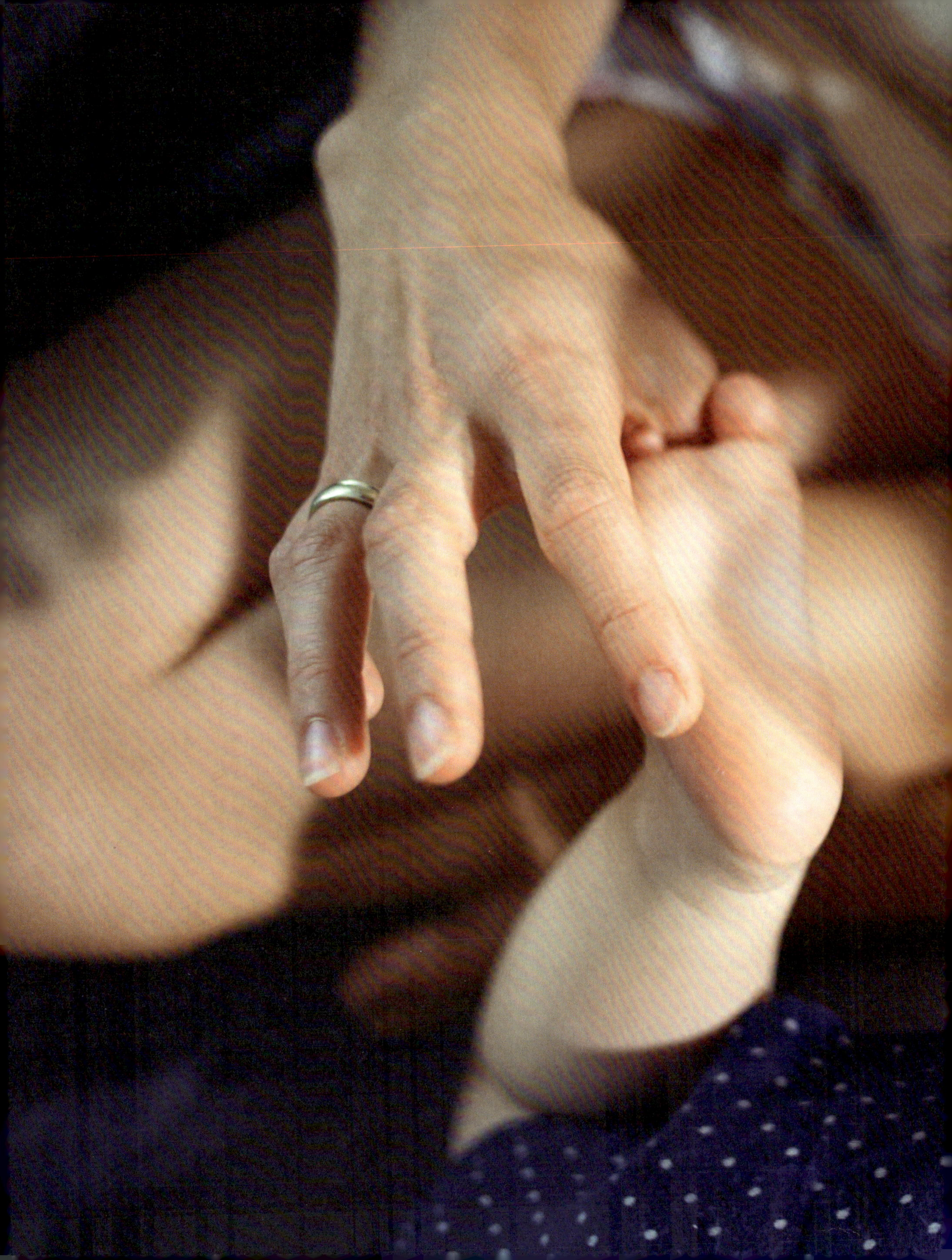

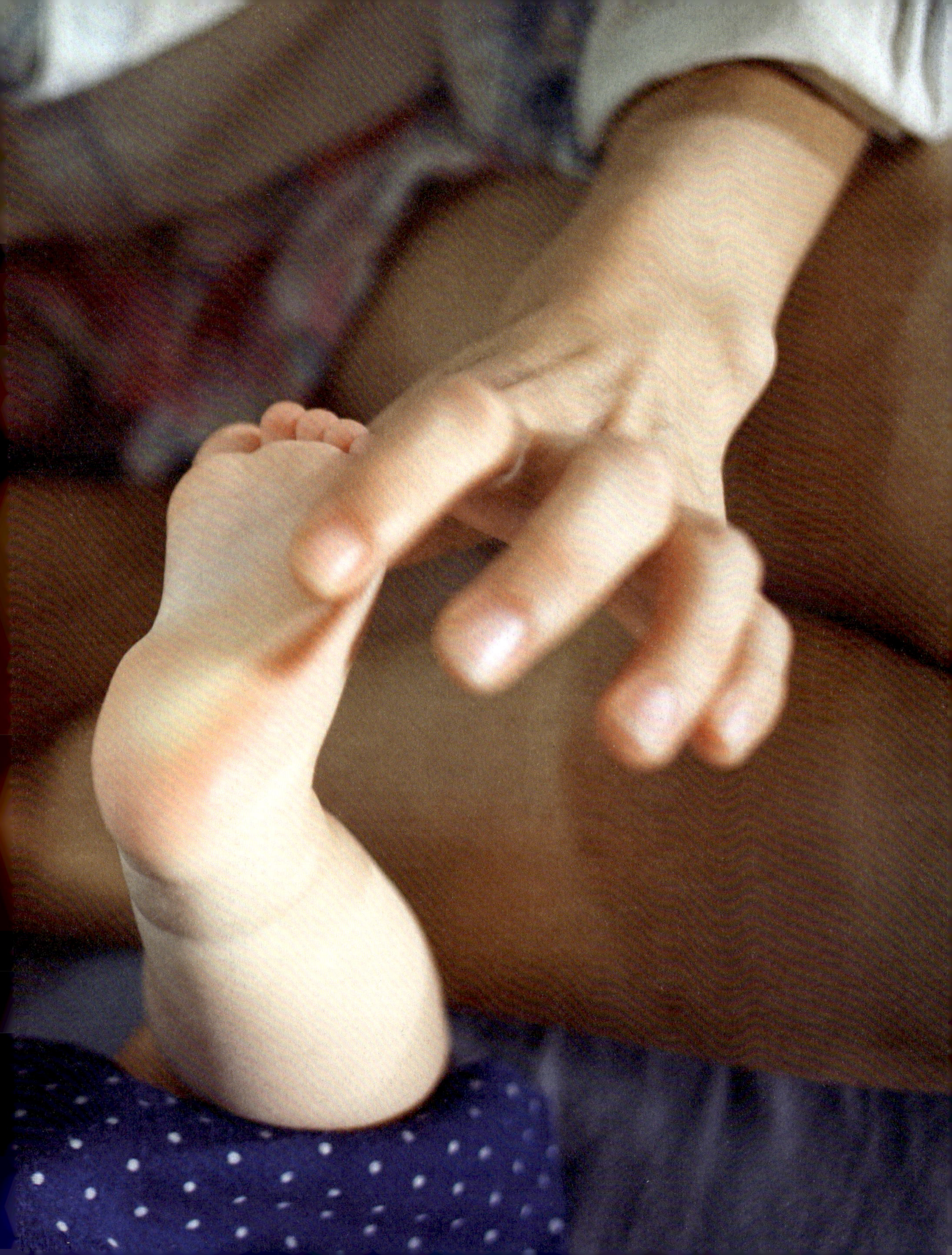

Das perfekte Steak *plus* Heirloom-Tomatensalat

FÜR 2 PERSONEN

Für das Steak:
2 Steaks à 220–250 g, z. B. Entreôte, ca. 2,5–3 cm dick
Salz und Pfeffer
1 Esslöffel Öl
1 Esslöffel Butter

Für den Salat:
3 Esslöffel Olivenöl
½ Knoblauchzehe, gerieben
Salz und Pfeffer
700 g Heirloom-Tomaten, in allen Größen und Formen
1 Esslöffel frischer Oregano, gehackt
1 Esslöffel Basilikum, gezupft
½ Büffelmozzarella
2 Scheiben Landbrot, frisch getoastet

MAMA-TIPP:

Das ist zwar nichts für Spontanentscheider, aber der Schritt lohnt sich: Fleisch ausgepackt und abgetupft für ein oder zwei Tage auf einem Rost ins obere Kühlschrankregal legen. Das ist „Dry aging" für zu Hause und intensiviert den Fleischgeschmack.

Wer sich ausgelaugt und ausgepowert fühlt, bei dem kann ein schönes saftiges Steak wahre Wunder wirken. Und das Brot in den Tomaten-Butter-Fleischsud zu tunken, ist einfach himmlisch.

Die Steaks 60 Minuten vor der Zubereitung aus dem Kühlschrank nehmen und auf Zimmertemperatur bringen. Ofen auf 80 °C vorheizen.
Eine Pfanne sehr heiß werden lassen. Die Steaks großzügig von allen Seiten mit Salz und Pfeffer würzen. Öl in die Pfanne geben und die Steaks insgesamt 2 Minuten pro Seite braten, dabei jede Minute wenden. Aus der Pfanne auf ein Rost legen. Nicht auf ein Backblech! Das würde zu heiß werden und das Fleisch könnte zu schnell austrocknen. Damit der Ofen sauber bleibt, einfach ein Backblech oder ein Stück Alufolie darunterschieben.
12–18 Minuten im Ofen lassen bzw. so lange, bis die Kerntemperatur 55 °C (perfektes Medium) erreicht hat.
In der Zwischenzeit den Tomatensalat vorbereiten. In einer großen Schüssel Olivenöl mit Knoblauch, Salz und Pfeffer mischen. Tomaten in mundgerechte, unregelmäßig große Stücke schneiden. In die Schüssel mit der Olivenölmischung geben und mit sauberen Händen durchmengen. Auf eine Servierplatte oder einen großen Teller geben. Oregano und Basilikumblätter abzupfen und den Salat mit den Kräutern bestreuen. Mozzarella in dicken Stücken darüberzupfen.
Wenn das Fleisch fertig gegart ist, Steaks in Folie wickeln und weitere 5 Minuten ruhen lassen. In der Zwischenzeit die Butter in der Fleischpfanne aufschäumen lassen und über die Steaks gießen. Mit Tomatensalat und geröstetem Landbrot servieren. Bon appétit.

Zitronen-Zimt-Couscous *mit* Aprikosenhuhn

FÜR 4 PERSONEN

Für das Aprikosenhuhn:
550 g Hähnchenschenkel, ausgelöst
1 Esslöffel Öl
1 Teelöffel Mehl
1 Zwiebel, in Würfel geschnitten
2 Knoblauchzehen, gehackt
1 Esslöffel Ingwer, gehackt
150 g getrocknete Aprikosen
30 g goldene Sultaninen
1 Dose Kichererbsen (400 g)
1 Esslöffel Essig
1 Esslöffel Sojasauce
Salz
1 Teelöffel Koriandersamen, zerdrückt
4 Esslöffel frischer Koriander, gehackt

Für den Couscous:
185 g Couscous
½ Zitrone
1 Sternanis
½ Teelöffel Zimt
1 Prise Salz
300 ml kochendes Wasser
2 Esslöffel Olivenöl

Für den Fenchelsalat:
1 Fenchelknolle
Saft von ½ Zitrone
1 Prise Salz
1 Prise Zucker

Zugegeben, dieses Gericht ist nicht in Windeseile zubereitet. Dafür belohnt es einen mit umso mehr Geschmack. Außerdem muss man ja während der Kochzeit nicht wirklich etwas machen. Wer Zwiebeln und Knoblauch nicht verträgt, der lässt sie einfach weg. Lasst euch die Hähnchenschenkel am besten vom Metzger auslösen. Das spart Zeit.

Hähnchenfleisch in mundgerechte Stücke schneiden. Öl in den Bräter geben und auf mittlere Temperatur erhitzen. Fleisch goldbraun anbraten. Mehl untermengen und mit anrösten. Zwiebel, Knoblauchzehen, Ingwer, Aprikosen und Sultaninen hinzufügen. Mit Wasser bedecken und zum Kochen bringen. Temperatur herunterschalten und auf kleinster Stufe zugedeckt 40 Minuten köcheln lassen. Dabei gelegentlich umrühren. Kichererbsen abgießen und dazugeben. Ohne Deckel einkochen lassen, bis die Sauce die gewünschte Konsistenz erreicht hat.
In der Zwischenzeit den Couscous zubereiten. Couscous mit Zitrone, Sternanis, Zimt, Salz und Olivenöl in eine Schüssel geben. Mit 300 ml kochendem Wasser übergießen und zugedeckt 5–10 Minuten quellen lassen.
Für den Salat Fenchel in dünne Scheiben hobeln oder schneiden. In einer mittleren Schüssel Zitronensaft, Salz und Zucker vermischen. Fenchel hinzugeben und mit den Händen vermischen, dabei die Marinade in den Fenchel drücken.
Aprikosenhuhn mit Essig, Sojasauce, Salz und Koriandersamen abschmecken und mit Couscous und mariniertem Fenchel servieren. Frischen Koriander darüberstreuen. Fertig.

Tandoori-Lachs *mit* Gurken-Kartoffelsalat

FÜR 2 PERSONEN

Für den Lachs:
1 Esslöffel Tandooripaste
1 Esslöffel Joghurt
300 g Lachs
1 Esslöffel neutrales Öl

Für den Kartoffelsalat:
750 g Pellkartoffeln
½ Zwiebel
150 ml Gemüse- oder Fleischbrühe
250 g Gurke
3 Esslöffel Essig
1 Esslöffel Zucker
1 Teelöffel Wasabipaste
4 Esslöffel Olivenöl
1 Esslöffel Schnittlauch, in Röllchen geschnitten
Salz

MAMA-TIPP:

Ich finde es gar nicht verwerflich, fertigen Kartoffelsalat zu kaufen. Solange er schmeckt und von guter Qualität ist, muss man sich nicht immer die Arbeit machen. Ich besorge ihn mir bei meinem Metzger und gebe dann noch frische Gurken und Schnittlauch hinzu.

Lachs mit Joghurt und Tandoori klingt erst mal ungewöhnlich, harmoniert aber hervorragend. Ein befreundeter Koch hat es zuerst für mich gemacht. Ich war so begeistert, dass sofort klar war, dass es auch hier einen Platz bekommen muss.

In einem tiefen Teller Tandooripaste mit Joghurt verrühren. Lachs von der Haut befreien und mit der Tandoorimischung einreiben. In den tiefen Teller legen und zugedeckt bei Zimmertemperatur mindestens 15 Minuten ziehen lassen. Je länger, desto besser.
In der Zwischenzeit den Kartoffelsalat zubereiten. Pellkartoffeln schälen, in Scheiben schneiden und in eine große Schüssel geben.
Zwiebel schälen und in Würfel schneiden. Brühe mit den Zwiebeln in einem mittelgroßen Topf zum Kochen bringen. 5 Minuten bei mittlerer Hitze köcheln lassen, bis die Zwiebeln weich sind. In der Zwischenzeit die Gurke waschen und ebenfalls in Scheiben schneiden. Essig, Zucker, Wasabipaste und Gurkenscheiben in den Topf geben. Einmal aufkochen lassen und über die Kartoffeln gießen. 10 Minuten ziehen lassen.
Eine Pfanne für den Fisch auf mittlere Temperatur erhitzen. Öl hineingeben und den Lachs 3–4 Minuten auf der einen Seite und 1 Minute auf der anderen Seite glasig braten. Unter den Kartoffelsalat Öl und Schnittlauch heben und mit Salz abschmecken. Auf Tellern Fisch und Kartoffelsalat anrichten.

Meine Carbonara

FÜR 1 PERSON

Salz
100–120 g Pasta (Linguine oder Spaghetti)
30 g Speck, in Würfel geschnitten
1 Ei oder zwei Eigelb
1 Esslöffel Olivenöl plus mehr zum Beträufeln
Pfeffer, frisch gemahlen
20 g Parmesan, gerieben
Einige Oreganoblättchen

Vergesst die pampigen „Mehlschwitze-Kochschinken-Spaghetti“ vom Lieferservice. Hier kommt die Urmutter aller Carbonara-Rezepte. So gar nicht schwer, sondern glänzend und elegant.

Wasser in einem großen Topf zum Kochen bringen. Salz hinzufügen, bis das Wasser nach „Meer“ schmeckt. Nudeln darin nach Packungsanleitung al dente kochen.
In der Zwischenzeit die Sauce vorbereiten. In einer Pfanne bei mittlerer Hitze den Speck 5–7 Minuten auslassen, bis er knusprig ist. In einer großen Schüssel Ei oder Eigelb mit Olivenöl vermischen und ordentlich pfeffern.
Nudeln abgießen, dabei eine Tasse Nudelwasser auffangen. Die heißen Nudeln in die Schüssel mit der Eimischung geben, Parmesan und Speck hinzufügen und untermischen. Löffelweise etwas von dem Nudelwasser untermengen, damit sich alles schön auflockert und glänzt. Nach Belieben mit Salz würzen. Auf einen Teller geben und mit zusätzlich frischem Pfeffer, einem Spritzer Olivenöl und einigen Oreganoblättchen servieren.

MAMA-TIPP:

Das Rezept hier gilt für eine Person, lässt sich aber beliebig multiplizieren, egal für wie viele Leute ihr kocht.

Schokomole

Geschmeidig, glänzend, intensiv. So soll der perfekte Pudding sein. Ich liebe gekochten Pudding, aber es geht auch schneller und einfacher. Ich bin kein Veganer, dennoch hat mich dieser Schokopudding auf Avocadobasis voll und ganz überzeugt – in Konsistenz und Geschmack. Er ist nahrhaft, superschnell zubereitet und dabei auch noch gesund!

FÜR 2 PERSONEN

1 Avocado
1–2 Esslöffel Kakao (je nach Geschmack)
2 Esslöffel Milch (vegane Variante: Mandelmilch oder Kokosnussmilch)
2 Esslöffel Agavendicksaft
Evtl. Zucker nach Geschmack
2 Esslöffel geschlagene Sahne (vegane Variante: geschlagene Kokoscreme)*
Schokospäne

Avocado halbieren und entkernen. Fruchtfleisch in ein hohes Gefäß löffeln. Kakao, Milch und Agavendicksaft hinzufügen und alles mit dem Mixstab pürieren. Evtl. zusätzlich mit Zucker abschmecken. Auf Schälchen verteilen und mit Sahne und Schokospänen servieren.
* Kokoscreme herstellen: Wenn man die Dose mit der Kokosnussmilch über Nacht in den Kühlschrank stellt, verfestigt sich die obere fette Schicht und kann leichter vom wässrigen, klaren Teil getrennt werden.

Mont Blanc

Ich liebe Maronen. Vor allem bei den gerösteten kann ich nicht widerstehen. Oder bei dieser tollen Maronenpaste. Mit Sahne und frischer Vanille verfeinert, ist sie einfach unwiderstehlich.

FÜR 2 PERSONEN

1 gehäufter Esslöffel fertiges Maronenpüree (z.B. von Clément Faugier)
3 Esslöffel Milch
1 Vanilleschote
4 kleine oder 2 große Baisers
80 g Sahne

In einer kleinen Kasserolle Maronenpüree und Milch erhitzen. Vanilleschote der Länge nach halbieren und das Mark herauskratzen. Schote und Mark zu dem Maronenpüree geben und alles kurz aufkochen lassen. Rühren, bis sich alles miteinander verbunden hat. Zur Seite stellen und abkühlen lassen. Vanilleschote herausnehmen.
Baisers in Dessertschalen verteilen. Sahne halbsteif schlagen und auf die Baisers geben. Mit Maronensauce übergießen und sofort genießen.

MAMA-TIPP:

Die ausgekochten Vanilleschoten kann man in Zucker geben und die Mischung luftdicht verschließen – so entsteht hausgemachter Vanillezucker.

Eton Mess *mit* Johannisbeeren

Bild auf S. 140 links unten. Unglaublich, aber wahr: So ein hinreißend hübsches und cremig frisches Dessert kann so schnell und einfach sein. Wunderbar!

FÜR 2 PERSONEN

200 g Johannisbeeren, vom Stiel befreit
1 Esslöffel Zucker
100 g Sahne
150 g Joghurt
60 g Baiser

In einer Schüssel Johannisbeeren mit dem Zucker vermischen und mit einer Gabel grob durchmengen. Kurz ziehen lassen. In der Zwischenzeit Sahne steif schlagen und den Joghurt behutsam unterheben. Baiser grob zerbröseln und ¾ der Brösel unter die Joghurtsahne heben. Lagenweise abwechselnd Joghurtsahne und Johannisbeeren in 2 Weingläser (Martinigläser sehen auch sehr hübsch aus) füllen. Mit den restlichen Baiserbröseln bestreuen und sofort servieren. Fertig!

Griechischer Joghurt *mit* Honig *und* Nüssen

Bild auf S. 140 rechts unten. Allerdings möchte ich bei jedem Löffel Joghurt auch etwas Honig haben und nicht mit purem Joghurt konfrontiert werden, sobald ich mich den unteren Schichten nähere. Flache Crème-brûlée-Schälchen, in denen der Joghurt komplett mit Honig bedeckt ist, sind die Lösung.

FÜR 2 PERSONEN

40 g gemischte Nüsse, z. B. Cashews, Pistazien und Mandeln
200 g griechischer Joghurt
2–4 Esslöffel flüssiger Honig, je nach Geschmack

Nüsse in einer beschichteten Pfanne ohne Öl 5 Minuten bei mittlerer Hitze rösten. Dabei gelegentlich umrühren. Joghurt in Schälchen geben und Honig darüber verteilen. Nüsse grob durchhacken und auf den Honig streuen.

Matcha-Cappuccino

Das erdige Aroma von Matcha harmoniert wunderbar mit der Süße und der cremig aufgeschäumten Milch.

FÜR 2 CAPPUCCINOTASSEN

60 ml Wasser
1 ½ Teelöffel Matcha-Pulver
250 ml Milch
Zucker nach Belieben

Wasser in einem kleinen Topf zum Kochen bringen. Matcha-Pulver einrühren und den Tee auf 2 Tassen verteilen. 250 ml Milch aufschäumen und über den Matcha-Tee gießen. Nach Belieben zuckern und genießen.

MAMA-TIPP:

Matcha ist japanischer Grüntee. Zu feinstem Pulver vermahlen, wird er traditionell in der japanischen Teezeremonie verwendet und passt ganz hervorragend zu allen möglichen Süßspeisen wie z. B. Pudding oder Eis. Außerdem ist er sehr gesund und enthält neben Antioxidantien auch jede Menge Vitamine. Aber Vorsicht: Das Teein darin wirkt wie Koffein. Also nicht gleich vier Tassen am Tag trinken.

Kürbis-Latte *mit* Gewürzen

In Amerika stolperte ich zum ersten Mal über süße Kürbiszubereitungen. Aber bevor ich viel Geld für eine Tasse Kürbis-Latte im Coffeeshop ausgebe, mache ich ihn mir lieber zu Hause und trinke ihn bei grauem Wetter und Regen in dicken Socken auf dem Sofa.

FÜR 1 MAMA- UND 1 BABYTASSE

100 g Kürbis, geschält
1 Prise Zimt plus mehr zum Bestäuben
1 Prise Muskatnuss
4 Pfefferkörner
Samen von 3 Kardamomkapseln
1 Prise Salz
1 Tasse Milch
2 Esslöffel brauner Zucker
1 Portion Espresso, frisch aufgebrüht
Geschlagene Sahne, nach Belieben

In einem kleinen Topf geschälten Kürbis mit Wasser bedecken und gar kochen. Gekochten Kürbis abgießen und mit Zimt und Muskatnuss auf mittlerer Stufe in einem Topf erhitzen. In einem Mörser Pfefferkörner und Kardamomsamen zerstoßen und zu dem Kürbis geben. Mit Salz würzen. Wenn die Gewürze anfangen zu duften und zu rösten, mit der Milch ablöschen. Zucker hinzufügen. Kurz zum Aufkochen bringen und dann sofort vom Herd nehmen. Mit einem Handmixer aufschäumen und in die Tasse gießen. Nach Belieben mit braunem Zucker süßen. Den Espresso dazugießen und mit Sahne toppen. Zum Schluss mit einem Hauch Zimt bestäuben und sofort genießen.

Heiße Karamell-schokolade

Bild auf S. 144 links unten. Heiße Schokolade lieben alle. Für mich muss eine perfekte heiße Schokolade vor allem eins sein: intensiv. Ich kann mit den schwachen Vertretern wenig anfangen. Darum füge ich der Milch neben einer Menge entöltem Kakaopulver auch noch echte Schokolade und – ganz wichtig – Karamell hinzu. Der Karamell und die Prise Salz verstärken das Kakaoaroma und geben dem Ganzen eine weitere wunderbare Geschmacksebene. Wenn man einmal seinen Kakao auf diese Weise getrunken hat, fragt man sich, warum man es nicht schon immer so gemacht hat.

FÜR 4 KLEINE UND 2 GROSSE TASSEN

3 Esslöffel Zucker
400 ml Milch
3 Esslöffel entöltes Kakaopulver
1 Prise Salz
50 g dunkle Schokolade (70 %), gehackt

Zucker in einem mittleren Topf bei mittlerer Hitze karamellisieren. Sobald der Zucker die Farbe von Ahornsirup angenommen hat, mit Milch ablöschen und aufkochen lassen. Mit einem Schneebesen Kakaopulver und Salz einrühren. Hitze reduzieren, Schokolade einrühren und in der heißen Milch schmelzen lassen. Auf Tassen verteilen und genießen.

Heiße Weiße *mit* Muskat

Bild auf S. 144 rechts unten. Es ist, als ob die Muskatnuss die weiße Schokolade erst richtig zur Geltung bringt. Tolle Alternative zur klassischen heißen Schokolade, vor allem an langen Winterabenden. Oder statt der obligatorischen Latte macchiato mit einer Freundin zu Hause trinken.

FÜR 1 TASSE

60 ml Milch plus 100 ml
25 g weiße Schokolade
1 Prise Zimt
1 Prise Muskatnuss, frisch gerieben

In einem kleinen Topf Milch erhitzen und die weiße Schokolade darin auflösen. Mit Zimt und Muskatnuss würzen. In eine Tasse gießen und mit 100 ml aufgeschäumter, heißer Milch übergießen. Noch einen Hauch Muskatnuss darüberreiben. Fertig!

MAMA-TIPP:

Wer keinen Milchaufschäumer hat, kann die Milch auch mit einer French Press schäumen. Dafür einfach warme Milch in die French Press geben und ordentlich pumpen, bis der Schaum die gewünschte Konsistenz hat.

6 MONATE – 1 JAHR

BABY-LED WEANING UND ERSTER BREI

Am Anfang kriegen alle erst mal **MILCH**. Wie beruhigend. Da weiß man, was man zu tun hat. Aber dann geht's los. Manche Babys zeigen schon mit vier Monaten Interesse an Essen, andere erst zehn Monate später. Auf den Gläschen im Supermarkt steht ab dem vierten Monat. Die WHO aber rät dazu, sechs Monate voll zu stillen. Die Freundin kocht alles selbst und kauft sich dafür teure Küchengeräte, die nächste verfüttert nur gekaufte Kost. Bei der anderen in der Krabbelgruppe wird das Kind mit zehn Monaten noch komplett gestillt und die Bekannte aus der Nachbarschaft erzählt, dass ihre Kinder mit sieben Monaten zwei Bananen und eine Avocado am Tag gegessen haben. **SALZ UND ZUCKER** führen unangefochten die Liste der Top Five der bösen Babyzutaten an. Dicht gefolgt von Milchprodukten und Weizen. Schnell gerät man in die **SCHLECHTES-GEWISSEN-FALLE**, wenn man auch mal Joghurt oder ein Brötchen gefüttert hat. War es hier ein Salzkorn zu viel und dort ein bisschen raffinierter Zucker drin? Nierenschäden? Lebenslange

Allergien? Was habe ich nur getan? Natürlich füttern wir sieben Monate alte Babys nicht mit Haselnussschokolade und Paprikachips und zum Runterspülen gibt es Latte macchiato und Cola. Lassen wir jetzt mal Extreme beiseite und widmen wir uns unserem gesunden Menschenverstand: Es gibt nicht den „einen richtigen Weg", Babys zu ernähren. Es gibt so **VIELE WEGE**, wie es Eltern und Babys gibt. So unterschiedlich, wie die Menschen sind, so **UNTERSCHIEDLICH** sind auch die Essgewohnheiten der ganz Kleinen. Was bei dem einen funktioniert, muss noch lange nicht das Richtige für den anderen sein. Also lasst euch nicht verunsichern, wenn es bei euch anders ist als bei den anderen. Wollen eure Kinder noch die Flasche oder gestillt werden, obwohl sie schon über ein Jahr alt sind? Vollkommen normal! Zeigen sie schon mit vier Monaten reges Interesse und versuchen, euch den Löffel aus der Hand zu stibitzen? Dann ist das auch okay. Habt **VERTRAUEN** in eure Kleinen. Sie nehmen sich, was sie brauchen. Verkrampft euch im Vorfeld nicht zu sehr auf ein Modell. Lasst es einfach auf euch zukommen und geht auf euer Baby ein. Rückblickend betrachtet, machen Rezepte, bei denen Erwachsene und Babys mitessen können, viel Sinn. Denn was gestern geschmeckt hat, muss heute noch lange nicht zu Begeisterung führen. Man steckt nicht drin und deswegen fand ich „fürs Baby extra kochen" meistens frustrierend. Wenn man allerdings für alle kocht, hat man nicht das Gefühl, etwas umsonst gemacht zu haben, und bleibt gelassen, wenn Baby das Essen verschmäht (ja, das kann auch mal vorkommen und ist extrem abhängig von der Tagesform). So spart man Zeit und schlägt zwei Fliegen mit einer Klappe.

FRÜHSTÜCK

SPINAT-MANGO-SMOOTHIE MIT CHIA S. 154
POLENTA MIT SOMMEROBST S. 156
BIRNEN-DINKEL-PANCAKES S. 158
PORRIDGE MIT SAHNE UND PFLAUMENKOMPOTT S. 160

MITTAGESSEN

HÄHNCHEN-LAAB MIT KLEBREIS S. 162
RISOTTO MIT KÜRBIS, MASCARPONE UND SALBEI S. 164
GESCHMORTE MISO-MÖHREN MIT DINKELPASTA S. 166
ROHE TOMATEN MIT PENNE S. 168

ABENDESSEN

MÖHRENUNTEREINANDER MIT „FALSCHEM HASEN“ S. 172
KARTOFFELGNOCCHI MIT BIRNE UND SALBEI S. 174
GEBACKENER KÜRBIS MIT WILDREIS-ROSINENFÜLLUNG S. 176
ZWEIERLEI KARTOFFELPÜREE MIT LAMMSCHMORTOPF S. 178

SÜSSES

BANANENBROTPUDDING S. 182
KÜRBIS-KLEBREIS MIT KOKOSSCHAUM S. 184
BLITZSORBETS S. 186
KOKOSMILCHREIS MIT PISTAZIEN UND MANGO S. 188

PARTYTIME

ROSAROT S. 194
GRÜNE WELLE S. 194
VIVA MEXICO S. 196
MANDARINEN-COCKTAIL S. 196

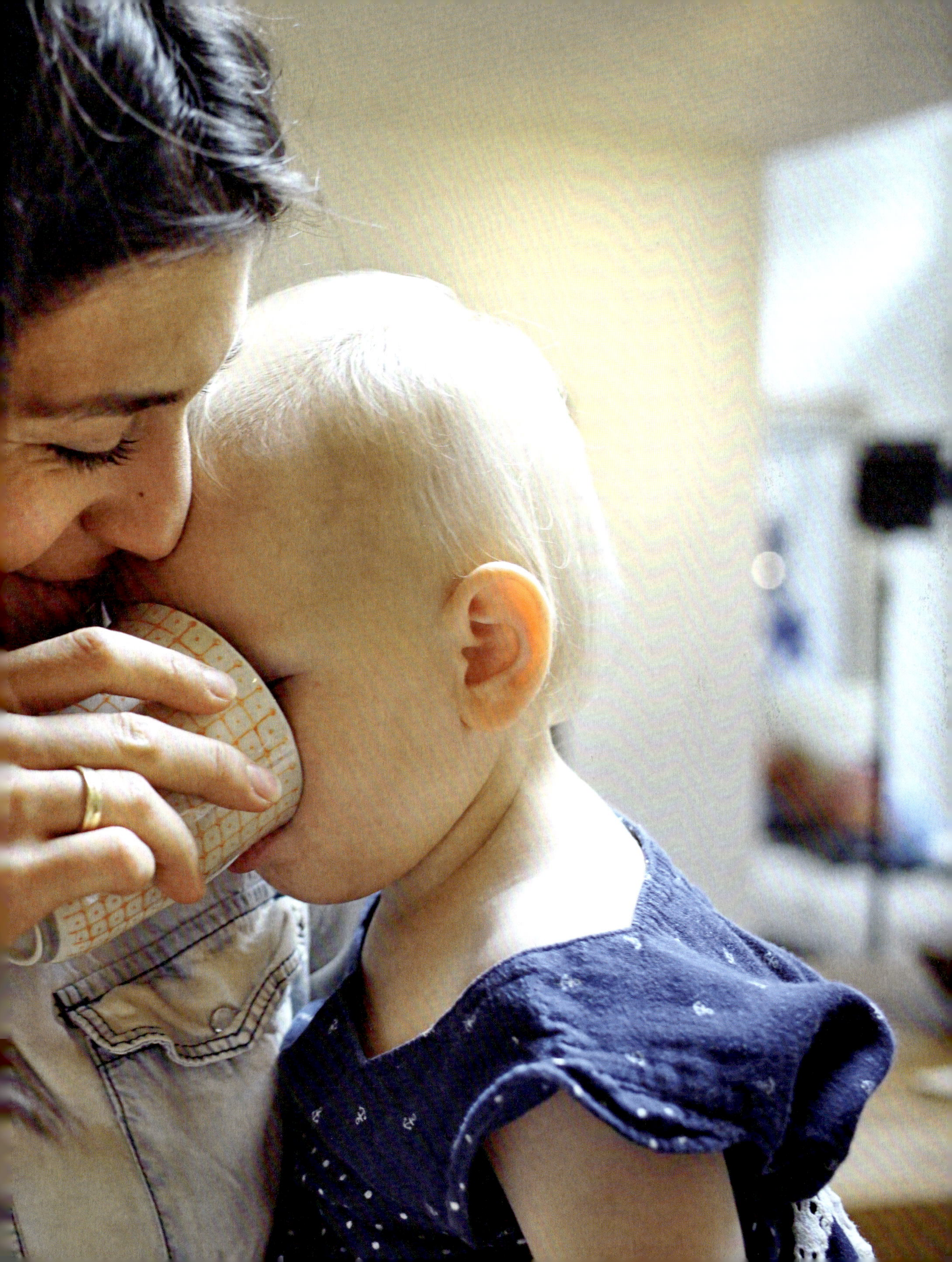

Spinat-Mango-Smoothie *mit* Chia

FÜR 2 PERSONEN

Basiszutaten für Groß und Klein:
1 Mango, in Stücke geschnitten und gefroren
1 sehr reife Banane, gefroren
50 g Chiasamen (Reformhaus)
800 ml Wasser, auf jeweils 400 ml aufgeteilt
200 g Spinat

MAMA-TIPP:

Chiasamen sind nicht umsonst eines der gehyptesten Superfood-Highlights der letzten Jahre. Sie enthalten sehr viel Eiweiß, punkten mit einem guten Verhältnis von Omega-3- zu Omega-6-Fettsäuren und – Trommelwirbel bitte – ihr Calciumgehalt übertrifft den von Milch um das Fünffache!

Gemüse zum Frühstück? Na klar! Mit diesem leckeren Smoothie wird's zum Kinderspiel. Und superschnell geht's auch noch!

Am Abend zuvor die Mango schälen und in 2 cm große Würfel schneiden. Banane schälen, in Scheiben schneiden. Mango und Banane in einem flachen Gefäß im Tiefkühler über Nacht gefrieren lassen. In einem Glas mit Schraubverschluss Chiasamen mit 400 ml Wasser mischen. Glas verschließen und über Nacht in den Kühlschrank stellen. Das dabei entstehende Chiagel hält sich gut verschlossen im Kühlschrank bis zu 3 Wochen.
Am nächsten Morgen in einem Mixer zuerst den Spinat mit den restlichen 400 ml Wasser pürieren, bis sich der Spinat vollkommen aufgelöst hat. Nach und nach Mango- und Bananenstückchen untermixen, bis ein cremiger Smoothie entstanden ist.
2 Esslöffel Chiagel unterrühren und auf Gläser verteilen. Sofort trinken.

Polenta *mit* Sommerobst

FÜR 2 PERSONEN

Basiszutaten für Groß und Klein:
300 ml Wasser
100 g Polenta
150 ml Milch
1 Prise Kurkuma
Salz
20 g Butter
1 Nektarine
100 g Brombeeren

Zusätzliche Zutaten für Erwachsene:
2 Teelöffel Honig bzw. Ahornsirup – oder mehr, je nach Geschmack
Kalte Milch oder Sahne
1 Prise Salz

Warum sollte man Polenta immer nur als Beilage verwenden, wenn sie sich doch so gut als Frühstücksbrei für Groß und Klein eignet?

In einem mittleren Topf Wasser zum Kochen bringen. Polenta unter Rühren einstreuen, damit sich keine Klumpen bilden. 10 Minuten bei kleiner Hitze köcheln lassen. Milch einrühren und weitere 10 Minuten köcheln lassen. Kurkuma hinzufügen, um eine schöne gelbe Farbe zu erhalten, und Butter unterrühren. Nektarine achteln und Baby-Polenta zusammen mit Nektarinenspalten und Brombeeren servieren. Erwachsenen-Polenta mit Salz abschmecken und auf einen tiefen Teller geben. Mit Honig, Milch bzw. Sahne, Brombeeren und Nektarine servieren.

MAMA-TIPP:

Mit dem Honig ist das so eine Sache: in unseren Breitengraden ist er für Babys unter einem Jahr ein absolutes No-go. In der ayurvedischen Küche können die Kleinen gar nicht genug davon eingeflößt bekommen. Komisch – und diese Küche existiert ja immerhin schon mehrere tausend Jahre. Eine Hebamme erzählte mir mal, dass die wunden Brustwarzen der Frauen im Wochenbett mit Honig behandelt wurden. Die ganz Kleinen haben also bestimmt das ein oder andere Tröpfchen mit abbekommen. Den Frauen hat es geholfen und den Babys hat es anscheinend nicht geschadet.

Birnen-Dinkel-Pancakes

ERGIBT 5 PANCAKES FÜR MAMA (10 CM DURCHMESSER) UND 5 PANCAKES FÜR BABY (4 CM DURCHMESSER)

Basiszutaten für Groß und Klein:
150 g Dinkelmehl
½ Teelöffel Backpulver
1 Prise Salz
100 ml Joghurt
100 ml Apfel-Birnenmark plus mehr zum Servieren
100 ml Milch
1 Ei
1 Esslöffel Öl plus mehr zum Anbraten
1 Birne

Zusätzliche Zutaten für Erwachsene:
1 Teelöffel Butter
2 Esslöffel Puderzucker
4 Esslöffel Wasser

MAMA-TIPP:

Selber machen ist ja schön und gut. Aber man kann manche Sachen auch einfach mal guten Gewissens kaufen, z. B. Fruchtmarkgläschen. Es gibt sie in allen möglichen Varianten und jede schmeckt hervorragend zu diesen Pancakes.

Dieses Frühstück ist die perfekte Kombination aus „Baby darf selber essen“ und „Mama füttert lieber noch ein bisschen mit Brei“. Die Mini-Pancakes und die frische Birne sind zum Selberessen gedacht. Und wenn das nicht ankommt, gibt es immer noch leckeres Fruchtpüree zum Ausweichen. Etwas ältere Kinder tunken ihre Pfannkuchen auch gerne in das Püree. Viel Spaß beim Ausprobieren.

In einer großen Schüssel Mehl, Backpulver und Salz vermischen. In einem Messbecher Joghurt, Fruchtmark, Milch, Ei und Öl miteinander verrühren. Die „nassen“ Zutaten behutsam mit einem Teigspatel unter die Mehlmischung mengen, bis sich der Teig gerade so verbindet. In einer großen Pfanne etwas Öl erhitzen. Für die Mama-Pancakes 2 Esslöffel Teig und für die Baby-Pancakes 1 Esslöffel Teig in die Pfanne geben. Bei mittlerer Hitze so lange auf einer Seite backen, bis sich auf der oberen Seite erste Bläschen bilden. Die Pancakes wenden und auf der anderen Seite ca. 1,5 Minuten zu Ende backen. Auf einen Teller geben und zur Seite stellen. Mit dem übrigen Teig genauso verfahren.

Wenn alle Pancakes gebacken sind, die Birne in 1,5 cm dünne Spalten schneiden. Ein Viertel der Spalten auf den Babyteller geben. Den Rest der Birnen in der immer noch heißen Pfanne mit Butter ca. 2 Minuten pro Seite anbraten. Puderzucker und 4 Esslöffel Wasser hinzugeben und karamellisieren lassen. Evtl. etwas mehr Wasser zufügen, bis ein sirupartiger Karamell entstanden ist. Wenn die Birnen goldbraun gebraten und weich sind, die Pancakes auf dem Erwachsenenteller mit karamellisierten Birnen, Sirup und einem Klecks Apfel-Birnenmark anrichten. Die Baby-Pancakes mit frischen Birnen und einem Extraschälchen Apfel-Birnenmark servieren.

Porridge *mit* Sahne *und* Pflaumenkompott

FÜR 2 PERSONEN

Basiszutaten für Groß und Klein:
90 g Haferflocken
3 Tassen Wasser plus 2 Esslöffel für die Pflaumen
500 g Pflaumen (frisch oder Tiefkühlware)
3 Sternanis

Zusätzliche Zutaten für Erwachsene:
¼ Teelöffel Salz
1–2 Esslöffel Zucker
Kalte Sahne zum Servieren

Das englische Nationalgericht ist schnell zusammengerührt, wärmend, sättigend und auch noch gesund. Die Pflaumen erinnern an Herbst und sind eine gute Wahl bei schlechten Wetterverhältnissen.

Für den Porridge Haferflocken und Wasser in einem mittelgroßen Topf zum Kochen bringen und bei geringer Hitze 5 Minuten köcheln lassen. Gelegentlich umrühren.
In der Zwischenzeit Pflaumen waschen, halbieren, entkernen und mit Wasser und Sternanis aufsetzen. Zum Kochen bringen und 5 Minuten bei geringer Hitze und geschlossenem Deckel weiterköcheln lassen. Porridge für das Baby auf einen Teller geben und eine halbe klein geschnittene Pflaume dazureichen. Erwachsenenporridge salzen und mit den heißen Pflaumen, Zucker und kalter Sahne servieren.

MAMA-TIPP:

Im Sommer passen die Kardamom-Aprikosen von S.104 ganz wunderbar dazu. Und wem bei Hitze Sahne zu schwer ist, der weicht auf Joghurt aus.

Hähnchen-Laab *mit* Klebreis

FÜR 4 PERSONEN

Basiszutaten für Groß und Klein:
2 Tassen Klebreis bzw. Milchreis plus
5 Esslöffel Reis zum Rösten
3 Tassen Wasser plus 5 Esslöffel für
das Fleisch
450 g Hähnchenschenkel,
vom Knochen befreit
1 Tomate

Zusätzliche Zutaten für Erwachsene:
1–2 milde Chilis
1 Teelöffel Ingwer, gerieben
2 Teelöffel Zucker
3 Esslöffel Fischsauce
½ Limette
2 Lauchzwiebeln
1 Handvoll Minze
1 Handvoll Koriander

MAMA-TIPP:

Traditionell wird Laab mit Klebreis gegessen. Den bekommt man aber leider nicht überall zu kaufen. Stattdessen kann man aber auch normalen Milchreis verwenden, den man mit Wasser anstatt mit Milch kocht.

BABY-TIPP:

Man kann das Baby auch mal ein paar Kräuter probieren lassen. Vielleicht findet es sie ja spannend.

Ja, auch asiatische Gerichte mit exotischen Zutaten werden überraschenderweise etwas abgewandelt extrem babytauglich. Laab zum Beispiel. Es ist das laotische Nationalgericht und besteht aus klein gehacktem Fleisch, Gewürzen und frischen Kräutern.

Reis mit Wasser in einem mittelgroßen Topf aufsetzen. 20 Minuten halb zugedeckt bei kleinster Hitze gar köcheln lassen. Den zusätzlichen Reis in einer Pfanne ohne Öl bei mittlerer bis starker Hitze ca. 5 Minuten goldbraun rösten. Dabei gelegentlich umrühren. Gerösteten Reis mit einem Stabmixer oder im Mörser pulverisieren. Hähnchen fein hacken (es sollen immer noch Stückchen sein, wir wollen keine Konsistenz von Hackfleisch oder Farce). In einem mittleren Topf bei niedriger Temperatur mit 5 Esslöffeln Wasser ca. 5 Minuten dünsten. Das Hähnchen sollte durchgegart sein, aber keine Farbe angenommen haben. Fleisch mit einem Schöpflöffel herausnehmen und in einer großen Schüssel beiseitestellen. Tomaten in Würfel schneiden und unter das Fleisch mischen.
Chilis fein hacken und mit dem Ingwer in den Hähnchensud geben. Mit Zucker, Fischsauce und Limette abschmecken. Lauchzwiebeln in feine Ringe schneiden, die Stiele und Blätter von Minze und Koriander fein hacken und alles unter die Sauce mischen. Sauce in eine Sauciere gießen und beiseitestellen. Für die Babyportion ein bisschen Klebreis auf einen Teller löffeln und etwas Fleisch mit Tomaten darübergeben. Die Erwachsenenportion mit Sauce beträufeln und mit Reispulver bestreuen. Mit Reis servieren.

Risotto *mit* Kürbis, Mascarpone *und* Salbei

FÜR 2 PERSONEN

Basiszutaten für Groß und Klein:
1 kleiner Butternut- oder Hokkaido-Kürbis (ca. 400 g)
1 Esslöffel Butter
250 g Risottoreis
1 Liter Hühnerbrühe
1 Lorbeerblatt

Zusätzliche Zutaten für Erwachsene:
2 Esslöffel Butter
2 Handvoll Salbeiblätter (ca. 50 g), gezupft
1 Esslöffel Mascarpone
2 Handvoll Parmesan (ca. 50 g)
Salz

Ich weiß nicht, wieso, aber fast alle Kinder, die ich kenne, lieben Reis. Nicht den stinknormalen Parboiled-Reis. Ich rede von Butterreis, Klebreis, Milchreis, Kokosreis und natürlich Risotto. Normalerweise ist da ja auch Weißwein im Spiel. Den lassen wir einfach weg und voilà – fertig ist das aufregende Babyessen, bei dem auch die Erwachsenen dank knusprigem Salbei und Parmesan (wobei – wer sagt, dass Babys das nicht auch mögen?) nicht zu kurz kommen. Bon appétit.

Kürbis schälen (das kann man sich beim Hokkaido sparen) und in kleine Würfel schneiden. In einem großen Topf 1 Esslöffel Butter erhitzen und den Reis unter Rühren kurz anrösten. Mit der Hälfte der Brühe ablöschen. Kürbis und Lorbeerblatt dazugeben und zugedeckt bei niedriger Hitze köcheln lassen, dabei gelegentlich umrühren, bis die Brühe vom Reis aufgenommen wurde. Den Rest der Brühe hinzugeben und weitere 7 Minuten simmern lassen, dabei immer wieder durchrühren, bis die Brühe komplett aufgesogen wurde. Babyportion in eine kleine Schale oder ein Glas abfüllen und zur Seite stellen.
In einer Pfanne 1 Esslöffel Butter erhitzen und den Salbei bei mittlerer Hitze knusprig braten. Vom Herd nehmen und zur Seite stellen.
Den übrig gebliebenen Esslöffel Butter, Mascarpone und ⅔ des Parmesans in den Reis rühren. Wird die Konsistenz zu fest, gibt man esslöffelweise Wasser hinzu. Mit Salz abschmecken. Risotto auf Teller verteilen und mit dem gerösteten Salbei und dem übrigen Parmesan servieren.

Geschmorte Miso-Möhren *mit* Dinkelpasta

FÜR 2 PERSONEN

Basiszutaten für Groß und Klein:
200 g Dinkel-Vollkorn-Nudeln
350 g junge, bunte Möhren
1 Teelöffel Öl
Sesamöl zum Beträufeln
½ Teelöffel gerösteter Sesam

Zusätzliche Zutaten für Erwachsene:
1 gehäufter Esslöffel Shiro-Misopaste
Zucker nach Belieben (für meinen Geschmack müssen es schon 2 Teelöffel sein)

Auch hier kommt wieder dasselbe Prinzip wie beim Hähnchen-Laab (siehe S. 162) zum Einsatz. Die Misosauce wird extra gereicht. So ist das Gericht komplex genug für Erwachsene und zugleich babytauglich.

Nudeln in kochendem Wasser nach Packungsanleitung al dente kochen. Möhren schälen und in 1,5 cm dünne und 5 cm lange Stifte schneiden. Olivenöl in einer Pfanne erhitzen und Möhren darin 8–10 Minuten bei mittlerer Hitze und geschlossenem Deckel goldbraun braten. Dabei gelegentlich umrühren und hin und wieder ein paar Esslöffel Nudelwasser dazugeben, bis die Möhren weich sind.
Shiro-Misopaste mit Zucker in 2 Esslöffeln Nudelwasser auflösen und in einem kleinen Gefäß für die Erwachsenenportion zur Seite stellen. Für das Erwachsenengericht gewünschte Menge der Nudeln mit einer Zange aus dem Topf nehmen und auf einem Teller beiseitestellen. Die Nudeln für das Baby noch weitere 2–3 Minuten im Wasser gar ziehen lassen. Einen Teil der Möhren auf den Erwachsenenteller geben. Mit Sesamöl beträufeln, Shiro-Misosauce untermischen und mit Sesam bestreuen. Für die Babyportion Nudeln abgießen und auf den Teller geben. Mit ein paar Tropfen Sesamöl beträufeln und mit der Schere klein schneiden. Ein paar Möhrensticks dazugeben und mit ein wenig Sesam bestreuen. Fertig.

Rohe Tomaten *mit* Penne

FÜR 4 PERSONEN

Basiszutaten für Groß und Klein:
400 g Penne
700 g gemischte Tomaten

Zusätzliche Zutaten für Erwachsene:
½ Knoblauchzehe, geschält und gerieben
4 Esslöffel Olivenöl plus mehr zum Beträufeln
1 Esslöffel Balsamicoessig
Salz, Pfeffer
4 Zweige Oregano, Blätter gezupft

MAMA-TIPP:

Ältere Geschwisterkinder helfen ganz bestimmt gerne beim „Saucedrücken".

Ich liebe diese Nudeln vor allem im Sommer, wenn es die besten Tomaten gibt. Ich habe meiner Tochter immer einige Stücke Tomate und ein paar Penne (die konnte sie schon relativ gut halten) zum Knabbern gegeben. Fusili würden sich auch anbieten. Normalerweise salze ich mein Nudelwasser so stark, dass es nach Meer schmeckt. Wenn ich für die ganz Kleinen koche, halte ich mich damit etwas zurück und würze dafür lieber die Sauce etwas kräftiger.

In einem großen Topf mit reichlich leicht gesalzenem Wasser die Penne al dente kochen.
In der Zwischenzeit die Sauce vorbereiten. Eine Tomate in mundgerechte Fingerfoodstücke für das Kleine schneiden. In einer großen Schüssel die restlichen Tomaten, Knoblauch, Olivenöl, Balsamico, Salz und Pfeffer mit den Händen zusammendrücken, sodass die Tomaten die Aromen aufnehmen können. Penne für die Erwachsenen mit einem Schöpflöffel aus dem Wasser abseihen und dabei mit der Tomatensauce bei hoher Temperatur in der Schüssel vermischen, evtl. etwas von dem Kochwasser hinzugeben. Die Nudeln für das Baby noch weitere 2–3 Minuten im Wasser gar ziehen lassen. Erwachsenen-Penne auf einer Platte anrichten, mit Olivenöl beträufeln und mit den Oreganoblättchen bestreut servieren. Die Babynudeln zu guter Letzt auf den Teller zu der Rohkosttomate geben.

RUMMO
UMMO
MAESTRI PASTAI
ENEVENTO DAL 1846
Lavorazion

Möhrenuntereinander *mit* „falschem Hasen“

FÜR 2 PERSONEN

Basiszutaten für Groß und Klein:
1 kg Möhren
500–700 g Kartoffeln
1 Esslöffel Olivenöl
1 Teelöffel Gemüsebrühe
4 Esslöffel Butter

Zusätzliche Zutaten für Erwachsene:
1 Zwiebel
2 Knoblauchzehen
1 Esslöffel Butter
1 Chili
400 g Hackfleisch
½ Tasse Dinkel- oder Haferflocken
1 Ei
1 Prise Muskatnuss
Salz
40 g Pistazien
Pfeffer
2 Esslöffel Petersilie, grob gehackt

MAMA-TIPP:

Wer keine Lust hat, für den „falschen Hasen“ extra noch den Ofen anzuschmeißen, der brät sich eine Bratwurst und schneidet noch ein paar Zwiebelringe mit rein, die beim Braten schön weich und süßlich werden. Ein einfaches Spiegelei, für den fleischlosen Genuss, würde auch passen.

Eine Spezialität meiner Großtante ist Möhrenuntereinander. Ein echt gemütliches Wohlfühlessen und dabei auch noch sehr gesund. Ich verzichte allerdings in meiner Variante, den Kleinen zuliebe, auf Zwiebeln und Speck. Dafür gibt es für die Erwachsenen noch einen ausgefallenen „falschen Hasen“ dazu.

Ofen auf 180 °C vorheizen. Möhren schälen und in grobe Scheiben schneiden. Kartoffeln schälen, abspülen und in grobe Scheiben schneiden. In einem großen gusseisernen Topf Öl erhitzen und Möhren hinzufügen. 5–7 Minuten bei mittlerer Hitze anbraten. Kartoffeln zugeben und Gemüse knapp mit Wasser bedecken. Gemüsebrühe darübergießen und einen Deckel auflegen. Möhrenuntereinander einmal kurz aufkochen, Hitze reduzieren und das Gemüse in ca. 25–30 Minuten gar köcheln.
In der Zwischenzeit den Hackbraten zubereiten. Zwiebel und Knoblauch schälen und grob hacken. In einer Pfanne mit 1 Esslöffel Butter ca. 5 Minuten bei mittlerer Hitze schmoren, bis die Zwiebeln glasig sind. Chili fein hacken und unterrühren. Zwiebelmischung zur Seite stellen und etwas abkühlen lassen. In eine große Schüssel Hack, Dinkelflocken, Ei und die Zwiebelmischung geben. Mit Muskatnuss und Salz würzen. Die Pistazien dazugeben und alles mit sauberen Händen durchkneten. Eine Kastenform mit Backpapier auslegen und die Hackmischung einfüllen. Im Ofen für 20 Minuten backen.
Zum Schluss den Deckel vom Möhrengemüse abnehmen und Möhrenuntereinander mit einer Gabel oder einem Stampfer, je nachdem, wie stückig man es mag, zerdrücken. Falls die Konsistenz zu trocken ist, ein wenig Gemüsebrühe oder Wasser untermischen. Butter dazugeben und schmelzen lassen. Babyportion abtrennen und den Rest mit Pfeffer und Salz würzen. Erwachsenenportion mit dem in Scheiben geschnittenen falschen Hasen und frischer Petersilie servieren.

Kartoffelgnocchi *mit* Birne *und* Salbei

FÜR 4 PERSONEN

Basiszutaten für Groß und Klein:
750 g geschälte und gekochte Kartoffeln (mehlig kochend)
200 g Mehl plus mehr
1 Ei, verschlagen
80 g Butter
2 Birnen, geachtelt
Birnenmus

Zusätzliche Zutaten für Erwachsene:
Salz
1 Handvoll Salbeiblätter

MAMA-TIPP:

Normalerweise drückt man die heißen, geschälten Kartoffeln durch eine feine Kartoffelpresse. Stattdessen kann man die Kartoffeln auch mit dem Stampfer bearbeiten. Die Kartoffelstückchen im Teig verleihen den Gnocchi etwas wunderbar Rustikales. Und falls man keinen Stampfer besitzt, kann man auch eine Gabel benutzen. Die sollte wirklich jeder zur Hand haben.

Inspiriert ist dieses Gericht vom rheinischen Klassiker „Himmel un Äd". Aber statt Salzkartoffeln mit Apfelmus gibt's Gnocchi (die kann das Baby beim Essen gut halten) und Birnenmus dazu.

Einen großen Topf mit Wasser aufstellen und leicht salzen. Auf einer Arbeitsfläche Kartoffeln gut durchstampfen. In der Mitte der Kartoffelmasse eine Mulde formen und Mehl darübersieben. Das verquirlte Ei in die Mitte der Vertiefung geben. Das Ei mit einer Gabel langsam von der Mitte nach außen in die Kartoffeln einarbeiten. Eine kleine Portion für das Baby zur Seite stellen und den Rest großzügig salzen. Alles kurz mit den Händen verkneten, bis sich alles verbunden hat. Teig in 7 Teile teilen (inklusive des Teiges fürs Baby sind es 8 Teile). Jedes Teil zu einer langen, 1,5 cm dicken Rolle formen.
Die Rollen mit dem Messer in 2,5 cm lange, mundgerechte Gnocchi zerschneiden. Mit den übrigen Rollen genauso verfahren. Gnocchi gut mehlen und beiseitestellen.
In einer Pfanne Butter zerlassen und Birnenspalten 2 Minuten pro Seite bei mittlerer Hitze goldbraun anbraten. Auf einen Teller legen und zur Seite stellen. Salbeiblätter in der restlichen Butter bei mittlerer Hitze knusprig braten.
In leicht gesalzenem, kochendem Wasser Gnocchi gar kochen, bis sie oben schwimmen. Erwachsenen-Gnocchi mit einem großen Schöpflöffel in die Pfanne mit dem Salbei geben und kurz durchschwenken. Mit Birnenmus und angebratenen Birnen auf einem Teller anrichten und genießen. Baby-Gnocchi abgießen und mit Birnenmus und Birnenspalten servieren.

Gebackener Kürbis *mit* Wildreis-Rosinenfüllung

FÜR 4 PERSONEN

Basiszutaten für Groß und Klein:
50 g Naturreis
50 g Wildreis
50 g Pardina-Linsen
480 ml Wasser
4 kleine Kürbisse, z. B. Rondini
(ca. 400–500 g)
Salz
Olivenöl zum Bestreichen
1 Esslöffel Tamarindenpaste
(ersatzweise Balsamicoessig)
80 g Sultaninen
60 ml Kokosnussmilch
1 Prise Zimt

Zusätzliche Zutaten für Erwachsene:
Mandeln, grob gehackt
Pfeffer

MAMA-TIPP:

So ist das Gericht rein vegan. Wer will, kann es aber auch ganz einfach mit ein bisschen Hackfleisch den erwachsenen Karnivoren unter uns (oder dem Ehemann) schmackhaft machen.

An diesem Gericht hat jeder Veganer seine wahre Freude.

Reis und Linsen mit 480 ml Wasser im Reiskocher gar kochen. Ofen auf 200 °C vorheizen.
Bei allen Kürbissen vom Boden eine sehr dünne Scheibe abschneiden, damit die Kürbisse aufrecht stehen. Jeweils den Deckel abschneiden und die Kürbiskerne großzügig mit einem Esslöffel aus dem Kürbis kratzen. Die Innenseite der Erwachsenenkürbisse salzen und mit Olivenöl bestreichen. Den Kürbis, von dem das Baby isst, nur leicht salzen, von außen markieren und ebenfalls mit Olivenöl bestreichen.
In einer Pfanne Mandeln bei mittlerer Hitze ca. 5 Minuten lang rösten. Aus der Pfanne nehmen und zur Seite stellen. Reis in eine große Schüssel geben und mit Tamarindenpaste, Sultaninen und Kokosnussmilch mischen. „Babykürbis" damit füllen und auf ein mit Alufolie ausgelegtes Backblech setzen. Die restliche Reismischung mit einer Prise Zimt, Salz und Pfeffer würzen und Mandeln unterrühren. Reismischung in die übrigen Kürbisse füllen und ebenfalls auf das Backblech setzen. Ränder und Innenseiten der Kürbisdeckel nochmals mit Olivenöl bepinseln. Deckel für den „Babykürbis" ebenfalls markieren, um Missverständnisse auszuschließen. Kürbisdeckel auflegen und Kürbisse für 30 Minuten backen. Dann Kürbisdeckel danebenlegen und alles für weitere 10–15 Minuten backen.

Zweierlei Kartoffelpüree *mit* Lammschmortopf

FÜR 4 PERSONEN

Basiszutaten für Groß und Klein:
700 g Lamm
2 Esslöffel Mehl
2 Esslöffel Öl
150 g Sellerieknolle (½ kleine Knolle), geschält und in Würfel geschnitten
250 g Möhren (ca. 2 Möhren), der Länge nach geviertelt und halbiert
1 Knoblauchzehe, geschält und fein gehackt
1 Zwiebel, geschält und geviertelt
1 Esslöffel Ingwer, geschält und fein gehackt
1 Liter Brühe oder Wasser
500 g mehlig kochende Kartoffeln
500 g Süßkartoffeln
Salz
2 Esslöffel Butter
1 Prise Muskatnuss

Zusätzliche Zutaten für Erwachsene:
1 Esslöffel Harissa
4 Esslöffel Granatapfelkerne
2 Esslöffel glatte Petersilie, gehackt
Abrieb von 1 Zitrone

Lamm und Süßkartoffeln sind von Natur aus süß. Das schmeckt dem Baby ganz bestimmt.

Lamm in 3–4 cm große Würfel schneiden und auf einem Teller im Mehl wälzen. In einem großen Bräter bei mittlerer Hitze im Öl von allen Seiten braun anbraten. Fleisch herausnehmen und auf einem Teller zur Seite stellen. Sellerie, Möhren, Knoblauch, Zwiebel und Ingwer in den Bräter geben und ca. 3–5 Minuten anbraten. Mit Brühe ablöschen und Bratensatz vom Topfboden lösen. Fleisch hinzugeben und mit geschlossenem Deckel 2 Stunden bei niedriger Temperatur köcheln lassen.
Babyportion abtrennen und auf einem Teller beiseitestellen. Den restlichen Schmortopf mit Harissa und Salz abschmecken.
Für das Püree Kartoffeln und Süßkartoffeln schälen und in grobe Würfel schneiden. In einen Topf geben und knapp mit kaltem Wasser bedecken. Mit 1 Prise Salz würzen und zum Kochen bringen. Temperatur reduzieren und bei halb geschlossenem Deckel ca. 20 Minuten gar köcheln lassen. Wasser abgießen und Püree mit dem Stampfer zerdrücken. Butter unterrühren. Mit Muskatnuss und nochmals mit Salz abschmecken. Den Babyteller mit Kartoffelpüree servieren und den Erwachsenenschmortopf zusätzlich mit Granatapfelkernen, Petersilie und Zitronenabrieb anrichten.

Bananenbrotpudding

FÜR 1 SPRINGFORM VON 17 CM DURCHMESSER

Basiszutaten für Groß und Klein:
370 g trockener Hefezopf (gerne auch aus Dinkel- oder Vollkornmehl)
260 g Bananen, plus 2 reife Bananen, geschält, in Scheiben geschnitten
4 Eier
300 ml Mandelmilch (normale geht auch, wenn ihr keine laktosefreie Ernährung fürs Baby anstrebt)
Butter zum Ausfetten plus ein paar Butterflöckchen
400 ml Wasser plus 1 Esslöffel für die Sauce

Zusätzliche Zutaten für Erwachsene:
100 g Zucker
½ Teelöffel Salz
180 ml Sahne

MAMA-TIPP:

Gerade jetzt knabbern die Kleinen die Bananen an und lassen mehr als die Hälfte übrig. Da ich nicht immer Lust habe, Müllschlucker zu spielen, sammele ich diese Exemplare im Tiefkühler. In diesem Rezept könnt ihr die Tiefkühlbananen und euer trockenes Brot verwenden.

Trotz Resteverwertung ein festlicher Anblick! Und da hier nur Brot, Eier, Bananen und Mandelmilch zum Einsatz kommen, dürfen die Kleinen auch mal probieren. Für die Erwachsenen gibt es dann gesalzene Karamellsauce extra.

Ofen auf 180 °C vorheizen. Zopf in 1 cm dicke Scheiben schneiden. 260 g Bananen mit Eiern und Mandelmilch in einem hohen Gefäß mit dem Stabmixer pürieren. In einem flachen, breiten Gefäß (z.B. Auflaufform) die Brotscheiben mit der Bananenmilchmischung übergießen und 2 Minuten ziehen lassen.
Die Springform gut ausfetten und mit Alufolie ummanteln. Die Brotscheiben kreisförmig in der Springform aufstellen. Bananenscheiben in die entstandenen Zwischenräume drücken. Mit der restlichen Bananenmilch übergießen und zum Schluss einige Butterflöckchen auf dem Brotpudding verteilen. Springform im Ofen auf einem tiefen Blech positionieren und mit einem Messbecher 400 ml Wasser angießen. Pudding für 1 Stunde und 10 Minuten backen.
Für die Karamellsauce in einem kleinen Topf Zucker mit 1 Esslöffel Wasser verrühren. Auf mittlerer Flamme zum Karamellisieren bringen. Salz und Sahne hinzufügen. Umrühren und kurz aufkochen lassen. In eine Sauciere gießen.

Kürbis-Klebreis *mit* Kokosschaum

FÜR 4 PERSONEN

Basiszutaten für Groß und Klein:
150 g Milchreis
250 ml Wasser
2 x 200 ml Kokosnussmilch
300 g Kürbis

Zusätzliche Zutaten für Erwachsene:
50 g Zucker
½ Teelöffel Zimt
½ Teelöffel Kardamom, gemahlen
Salz
Gesalzene Erdnüsse, gehackt

MAMA-TIPP:

Das Zusammenspiel von süß und salzig ist typisch für die ostasiatische Dessertküche. Also keine falsche Bescheidenheit. Aber steigert euch langsam. Einmal zu viel Salz und es gibt kein Zurück mehr.

Beim Vietnamesen um die Ecke stand dieses Dessert häufig auf der Tageskarte und wurde immer frisch zubereitet. Als unsere Tochter noch sehr klein war, sind wir oft in Restaurants gegangen, wenn ich mal keine Lust hatte zu kochen (ja, das kam vor). Dies ist eins der ersten Gerichte, die sie überhaupt gegessen hat und sehr gern mochte. Allerdings fand ich es doch ein bisschen süß und entwickelte deswegen eine Babyvariante, bei der eine Mama ein gutes Gewissen haben kann.

Reis mit kaltem Wasser waschen und immer wieder abgießen, bis das Wasser klar und nicht mehr wolkig ist. In einem mittelgroßen Topf Reis mit 250 ml Wasser und 200 ml Kokosnussmilch zum Kochen bringen. Hitze herunterdrehen und den Kokosreis für 20 Minuten mit geschlossenem Deckel gar kochen.
In der Zwischenzeit den Kürbis schälen und in mundgerechte Stücke schneiden. In einem mittelgroßen Topf knapp mit Wasser bedecken und für 10 Minuten bei geschlossenem Deckel weich kochen. Die restlichen 200 ml Kokosnussmilch hinzufügen und für weitere 5 Minuten bei mittlerer Hitze ohne Deckel einkochen lassen. Mit der Gabel oder dem Kartoffelstampfer zerdrücken und die Portion fürs Baby zur Seite stellen. Das übrige Gemüse mit Zucker, Zimt und Kardamom würzen. Mit einer großzügigen Prise Salz abschmecken, umrühren und für weitere 5 Minuten köcheln lassen.
Den Reis mit einer Gabel auflockern und die Babyportion abtrennen. Den restlichen Reis für die Erwachsenen mit Salz abschmecken. Für das Baby den ungesalzenen Reis und ungewürzten Kürbis lagenweise in kleine Gläser schichten. Nach dem gleichen Prinzip, aber mit gesalzenem Reis und gesüßtem Kürbis, mit der Erwachsenenportion verfahren. Erwachsenenportion nach Belieben mit gehackten Erdnüssen bestreuen.

Blitzsorbets

ERGIBT CA. 300 ML SORBET

Basiszutaten für Groß und Klein:
250 g Frucht, z. B. Kiwi, Mango, Banane, Kirsch, Kaki
60 ml Apfelsaft (100 %)

Erfrischend, gesund und lecker – was will man mehr? Auch wenn ihr nicht gleich drei verschiedene Sorten, wie sie auf dem Foto zu sehen sind, auf einmal macht.

Am Abend zuvor, oder zumindest 6 Stunden im Voraus, die Frucht nach Wahl schälen und in 2 cm große Würfel schneiden. Frucht in einem flachen Gefäß im Tiefkühler über Nacht gefrieren lassen.
Wenn die Fruchtstücke durchgefroren sind, 3–4 Stücke mit dem Apfelsaft in einem hohen Gefäß mit dem Stabmixer pürieren. Dabei immer warten, bis sich die Frucht vollkommen aufgelöst hat. Nach und nach die anderen Stücke hinzugeben, bis das Sorbet eine cremige Konsistenz erreicht hat und alle Früchte wegpüriert sind. In kleine Gefäße füllen und entweder sofort essen oder noch mal für 15–30 Minuten in den Tiefkühler stellen. Je nach gewünschtem Gefriergrad.

MAMA-TIPP:

Man kann die Früchte auch nach Herzenslust variieren und mischen. Kirsch-Banane oder Mango-Kaki gehören zu meinen Favoriten. Apropos Kakis: Schon gewusst? Da gibt es zwei verschiedene Arten: die kleineren, flacheren Exemplare, die man nur weich essen sollte, weil sie sonst den Mund ganz pelzig machen, und die festeren, höheren Exemplare, die man mit Schale wie einen Apfel essen kann.

Kokosmilchreis *mit* Pistazien und Mango

FÜR 4 PERSONEN

Eine tolle Alternative zum klassischen Milchreis.

Basiszutaten für Groß und Klein:
200 g Milchreis
700 ml Kokosmilch plus 100 ml zum Toppen
300 ml Wasser plus 2 Esslöffel für die Mango
1 Mango

Zusätzliche Zutaten für Erwachsene:
Pistazien, gesalzen und geröstet nach Belieben
1 Prise Salz
2 Esslöffel Zucker

Reis in einem mittleren Topf mit 700 ml Kokosmilch und Wasser aufsetzen und ca. 30 Minuten gar köcheln lassen. Der Milchreis sollte eine cremige Konsistenz haben. Mango schälen und Fruchtfleisch vom Kern befreien. Die Hälfte der Mango und 2 Esslöffel Wasser in ein hohes Gefäß geben und mit dem Pürierstab mixen.

Die übrige Mango in kleine Stücke schneiden und zur Seite stellen. Die Pistazien schälen und grob hacken. Eine Portion Babymilchreis zur Seite nehmen. Den restlichen Milchreis mit 1 Prise Salz und Zucker abschmecken. In Schalen füllen, mit Mangosauce und restlicher Kokosmilch übergießen. Die Erwachsenenportion zum Schluss mit Mangostücken und Pistazien servieren. Das Baby bekommt den Babyreis mit Sauce und darf versuchen, Mangoschnitze zu essen.

PARTYTIME

Was??? Alkohol im Mama-Baby-Kochbuch?! Ich gebe es zu, dieses Kapitel bedarf ein wenig Erklärung. Es hat sich viel verändert. Musik, Outfits, Kosmetik und **PARTYS**? Vollkommen egal. Dafür haben sich Themen wie Wohnen, Dekorieren und Kindererziehung breitgemacht. Trotzdem gibt es manchmal Momente, in denen man sich gerne daran erinnert, dass es auch ein Leben neben dem „Mama-Dasein" gibt. Man muss dafür keine wilde Party schmeißen. Ein Cocktail mit einer **FREUNDIN** kann da schon Wunder wirken. Und alle, die noch lange nicht ans Abstillen denken und lieber auf Alkohol verzichten, probieren die Alternativen. Auch eine **VIRGIN**-Variante fühlt sich an wie ein kleiner Urlaub. Vergesst nicht: Ein **BISSCHEN EGOISTISCH** sein ist erlaubt und tut manchmal richtig gut.

Rosarot

Ein echter Girlie-Drink, der aber auch bei den Herren der Schöpfung Anklang findet.

FÜR 2 SEKTFLÖTEN

3 Teelöffel Rhabarberkompott (siehe S. 236)
3 Esslöffel Gin
2 Esslöffel Agavendicksaft
Sekt zum Auffüllen

Rhabarberkompott nach Anleitung von S. 236 herstellen. In einem kleinen Gefäß Kompott mit Gin und Agavendicksaft verrühren. Auf zwei Gläser verteilen und mit Sekt auffüllen. Fertig!

Virgin-Variante:
Einfach den Gin weglassen und alkoholfreien Sekt verwenden.

Grüne Welle

Retox statt Detox? Oder vielleicht doch beides zusammen?

FÜR 2 PERSONEN

120 g Gurke
6 Zweige Minze
8 cl Wodka
2 Esslöffel Agavendicksaft
Sprudelwasser

6–8 dünne Scheiben von der Gurke runterschneiden. Den Rest zusammen mit 4 Minzzweigen fein hacken. In eine Schale oder ein hohes Gefäß geben und mit dem Wodka bedecken. Gurkenscheiben obendrauf legen, sodass sie vom Wodka bedeckt sind, mit Folie bedecken und über Nacht im Kühlschrank ziehen lassen.
Zum Servieren die Gurkenscheiben abnehmen. Den Wodka durch ein Sieb filtern. Gurken-Wodka mit Agavendicksaft vermischen. Zwei hohe Gläser mit Eiswürfeln und den Wodka-Gurkenscheiben füllen. Gurken-Wodka auf die Gläser verteilen und mit Sprudelwasser auffüllen. Mit Minzzweig servieren.

Virgin-Variante:
Hier wird ganz klar auf den Wodka verzichtet und die Gurke frisch mit Minze und Agave gemischt. Mit alkoholfreiem Sekt oder Mineralwasser aufgießen.

Viva Mexico

Bild auf S. 194 links unten. Dieser Cocktail zaubert gute Laune. Garantiert.

FÜR 2 MARTINIGLÄSER

1 Teelöffel pinke Pfefferkörner
½ Teelöffel Salz für den „Salzrand"
2 Limettenspalten, plus Saft von ½ Limette
100 g frische Ananas
8 cl Tequila
1 cl Agavendicksaft
150 g Cantaloupe-Melone, in Würfel geschnitten und gefroren

In einem tiefen Teller die Pfefferkörner mit dem Boden eines Glases zerdrücken und mit dem Salz vermischen. Den Rand der Gläser mit der Limettenspalte befeuchten und anschließend in die Pfeffer-Salz-Mischung tunken. Durch leichtes Klopfen am Glas werden die nicht haftenden Gewürze entfernt.
In einem hohen Gefäß Ananas mit Tequila, Limettensaft und Agavendicksaft mit dem Stabmixer pürieren. Nach und nach die gefrorenen Melonenstücke zugeben und mixen, bis alles eine homogene Masse ist. In die Gläser füllen und sofort genießen.

Virgin-Variante:
Einfach auf den Tequila verzichten.

Mandarinen-Cocktail

Bild auf S. 194 rechts unten. Warum immer Orangensaft trinken, wenn man es auch mal mit Mandarinensaft probieren kann? Lohnt sich natürlich vor allem im Winter, wenn Zitrusfruchtsaison ist.

FÜR 2 TUMBLER

Für die Mandarinensaft-Cocktailbasis
Zesten und Saft von 4 unbehandelten Mandarinen
50 ml Wasser
50 g Zucker
2 Sternanis
1 Zimtstange

Für den Cocktail:
Eiswürfel
6 cl Wodka

In einem kleinen Topf Mandarinenzesten mit Wasser, Zucker, Sternanis und Zimt mischen. Köcheln, bis sich der Zucker aufgelöst hat. Von der Kochstelle nehmen und auf Zimmertemperatur abkühlen lassen. Mit dem Mandarinensaft mischen und kalt stellen. Eiswürfel in einen Cocktailshaker geben und mit gewürztem Mandarinensaft und Wodka shaken.
Auf Tumblergläser verteilen und genießen!

Virgin-Variante:
Einfach auf den Wodka verzichten.

1 JAHR – 3 JAHRE

Jetzt ist wieder **AUFATMEN** angesagt. Pünktlich zum ersten Geburtstag sind die meisten Eltern nicht mehr ganz so streng mit sich, wenn es um die Ernährung des Kindes geht. Jetzt darf es auch mal ein Stückchen **SALZBREZEL** sein oder am **EIS** geleckt werden. Essenstechnisch sind das natürlich tolle Neuigkeiten. Aber die Kleinen entwickeln auch ihren eigenen Geschmack. Das eine probiert fröhlich japanisches Curry und das nächste verharrt lieber bei „Nudeln ohne alles". Geschmäcker sind halt verschieden. Ihr selbst probiert euch liebend gern durch die Küchen dieser Welt und euer Baby isst dann immer nur Reis oder Brot pur? Oder ihr seid eher vorsichtige Esser und euer Kind macht sich freudig über gegrillten Tintenfisch und herzhaften Käse her? Alles ist möglich. Wir sind nicht immer dafür verantwortlich, wie sich unsere Kinder entwickeln. Die haben nämlich schon von Anfang an ihren eigenen Kopf. Das ist generell so und da macht das Thema Essen keine Ausnahme. Schön harmonisch geht es natürlich zu, wenn sich Vorlieben von Kindern und Eltern decken. Wunderbar. Das Thema **EXTRAWURST** hat sich erledigt. Aber sucht die Schuld nicht bei euch, wenn das nicht der Fall ist. Natürlich machen uns die Kleinen viel nach. Wenn wir Essen unvoreingenommen und mit Genuss begegnen, sollte man meinen, sie tun das auch. Aber dem muss halt nicht so sein. Kopf hoch. Es muss ja auch nicht alles auf einmal kommen. Im Erwachsenenalter werden sie bestimmt nicht mehr auf „Reis ohne alles" beharren. Dennoch gibt es so was wie allgemeingültige **„KINDER-HITS"** – wobei natürlich Ausnahmen die Regel bestätigen –, und wenn es mal ein bisschen exotischer wird, hilft es oft, die Kleinen beim Kochen mit einzubinden. Aber wenn das Baby anfängt, ab dem zweiten Lebensjahr weniger zu essen als im ersten, schleicht sich wieder Unsicherheit ein. Keine Sorge, das ist ganz normal. Bei vielen Babys geht es mit dem Interesse am Essen erst ab dem zweiten Geburtstag los. Seid also nicht enttäuscht. Hauptsache, ihr habt alle **SPASS** am Familientisch und das Essen wird nicht zum **K(R)AMPF.** Natürlich wollen wir unsere Kinder so **GESUND** wie möglich ernähren, aber wir werden nicht verhindern können, dass die Oma Gummibärchen verteilt oder die Dame an der Fleisch-theke eine mit Farbstoff eingefärbte Mortadellascheibe reicht. Ich glaube, es ist wie mit so vielen Dingen. Die **BALANCE** ist entscheidend. Deswegen lasst euch auch nicht von den süßen Desserts abschrecken. Die Kleinen müssen ja nicht gleich ganze Erwachsenenportionen davon verdrücken. Aber wenn ihr euch denkt: „Die Süßigkeiten kommen noch früh genug, ich entziehe mein Kind dem **ZUCKER-SCHOKOLADEN-WAHNSINN**, solange es geht", spricht natürlich nichts dagegen, sich, solange man möchte, bei den Desserts aus dem Kapitel „6 Monate–1 Jahr" inspirieren zu lassen.

FRÜHSTÜCK

MÖHRENPFANNKUCHEN MIT AHORNJOGHURT S. 204

FRÜHSTÜCKSPIZZA MIT EI S. 206

ZIEGENKÄSE-PANCAKES MIT BLAUBEER-AHORNSIRUP S. 208

DUTCH BABY S. 210

MITTAGESSEN

SAM SAM – KOREANISCHE SALATTASCHEN S. 212

AUBERGINEN-PARMIGIANA (FÜR BEQUEME!) S. 214

FISCHSTÄBCHEN S. 216

AVOCADO-PASTA S. 218

ABENDESSEN

LAMMBURGER MIT MINZE, FETA UND BLITZFRITTEN S. 222

GRÜNES CURRY AUS DEM „TIEFKÜHLGARTEN“ S. 224

HÄHNCHEN-TORTILLAS MIT KORIANDER S. 226

JAPANISCHE BOLOGNESE S. 228

SÜSSES

EIS-UND-KEKS-SANDWICH S. 232

SCHWARZWÄLDER KIRSCH-PAVLOVA S. 234

GESALZENE PISTAZIEN-BAISERS MIT RHABARBERKOMPOTT S. 236

THYMIAN-ANANAS-TARTE S. 238

SÄFTE, SMOOTHIES & CO.

ROTER SAFT S. 242

WASSERMELONEN-ERDBEERSAFT S. 242

CASHEWMILCH S. 244

HIMBEER-LIMETTEN-AYRAN S. 244

CRUDITÉS FÜR UNTERWEGS S. 246

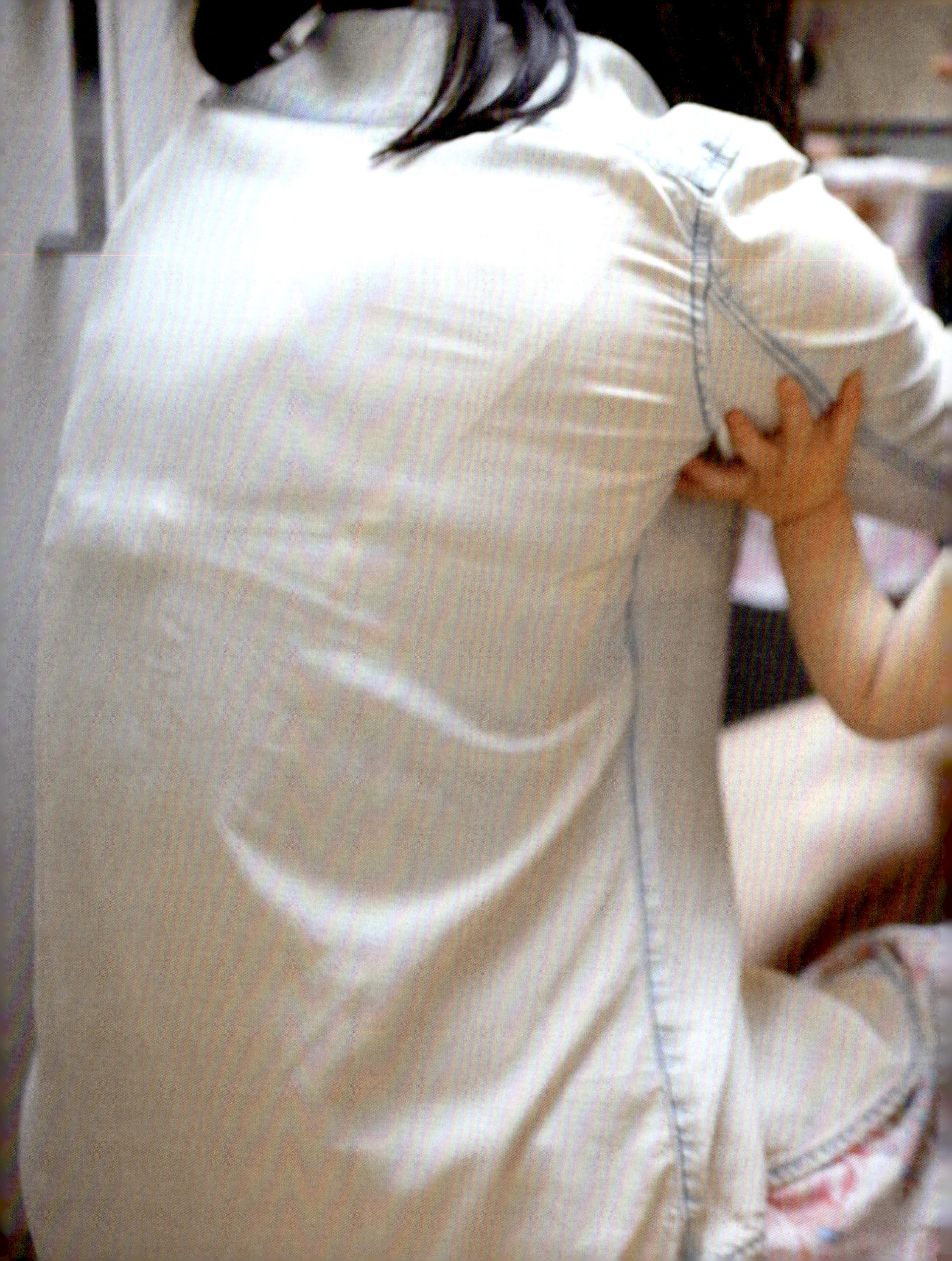

Möhrenpfannkuchen *mit* Ahornjoghurt

ERGIBT 4 PFANNKUCHEN

Für die Pfannkuchen:
2 mittelgroße Möhren (ca. 200 g)
100 g Mehl
30 g Zucker
1 Prise Salz
1 Prise Zimt
60 g Haselnüsse, gemahlen
2 Eier
50 ml Öl plus mehr zum Ausbacken
250 ml Milch

Für den Ahornjoghurt:
250 ml Naturjoghurt
50 ml Ahornsirup plus mehr zum Beträufeln

BABY-TIPP:

Für den Extra-Möhrenkick einfach ein Glas Babymöhrenbrei in den Teig rühren. Das gibt auch eine schöne Farbe.

Ich liebe Möhrenkuchen. Aber ich habe nicht immer die Lust und die Zeit dazu, einen ganzen Kuchen zu backen. Dieses Rezept geht superschnell und ist perfekt für den „Möhrenkuchen-Hyper" für zwischendurch.

Möhren schälen, Enden abschneiden und fein raspeln. In einer großen Schüssel Mehl, Zucker, Salz, Zimt und Haselnüsse mischen. Eier, Öl und Milch dazugeben und gut verrühren. Der Teig sollte vom Löffel fließen. Möhrenraspel einrühren und Teig zur Seite stellen. Eine beschichtete Pfanne bei mittlerer Hitze vorheizen und ein wenig Öl mit einem Küchenpapier in der Pfanne verreiben. Eine Kelle Teig in die Pfanne geben und die Pfanne schwenken, bis sich der Teig gleichmäßig verteilt hat. Ca. 3–4 Minuten auf einer Seite backen. Dann wenden und noch mal 2 Minuten auf der anderen Seite zu Ende backen. Pfannkuchen auf einen warmen Teller geben und zur Seite stellen. Mit den restlichen Pfannkuchen genauso verfahren.
Für den Ahornjoghurt in einer kleinen Schüssel Joghurt und Ahornsirup verrühren.
Pfannkuchen mit Ahornsirup beträufeln und zusammen mit dem Ahornjoghurt servieren.

Frühstückspizza *mit* Ei

FÜR 2–4 PERSONEN

1 Packung Hefe
1 Prise Zucker
75 ml lauwarmes Wasser
170 g Mehl, z. B. Dinkelmehl plus Mehl zum Bestäuben
½ Teelöffel Salz
1 Esslöffel Olivenöl
2 Esslöffel saure Sahne
60 g Parmesan, gerieben
200 g Mozzarella
60 g Speck, in Würfel geschnitten
3–4 Eier
1 Esslöffel Schnittlauch, in feine Röllchen geschnitten

MAMA-TIPP:

Ihr könnt natürlich auch fertigen Pizzateig verwenden. Dann geht es noch schneller. Allerdings lassen sich Kinder ab zwei Jahren, auch schon erschreckend früh am Morgen, fürs Teigkneten begeistern.

Diese Pizza ist inspiriert von der ursprünglichen „Pizza Bianca" und kommt ganz ohne Tomatensauce aus.

Für den Teig in einer kleinen Schüssel Hefe mit Zucker im lauwarmen Wasser auflösen und stehen lassen, bis sich Blasen bilden. Mehl und Salz in einer großen Schüssel mischen. Hefewasser und Olivenöl hinzufügen und alles verkneten. Auf einer bemehlten Fläche den Teig für weitere 5 Minuten mit den Händen kneten, bis er weich und elastisch ist. Teig wieder bemehlen und in ein 40 cm langes und 25 cm breites Rechteck ausrollen. Auf ein bemehltes Stück Backpapier legen und abdecken. Für 30–45 Minuten gehen lassen. In der Zwischenzeit den Ofen inklusive Backblech auf 240 °C vorheizen.
Nachdem der Teig gegangen ist, dünn mit saurer Sahne bestreichen (es mag vielleicht so aussehen, als ob das nicht reicht, aber es reicht). Mit Parmesan bestreuen und den Mozzarella in kleinen Stücken darüberzupfen. Speck darauf verteilen und alles mitsamt dem Backpapier auf das heiße Blech legen (so wird der Boden knuspriger). Im Ofen für 7 Minuten backen. Dann die Eier nacheinander in eine kleine Schüssel schlagen und behutsam auf die Pizza gleiten lassen. Hitze auf 180 °C reduzieren und für weitere 4–5 Minuten backen, bis das Eiweiß fest, die Eigelbe aber noch weich sind. Aus dem Ofen nehmen, mit Schnittlauch bestreuen, in Stücke schneiden und sofort servieren.

Ziegenkäse-Pancakes *mit* Blaubeer-Ahornsirup

ERGIBT 12 PANCAKES VON CA. 10 CM DURCHMESSER

Für die Pancakes:
150 g Mehl
2 Esslöffel Zucker
1 Teelöffel Backpulver
1 Paket Ziegenfrischkäse (150 g)
150 ml Milch
1 Ei
1 Esslöffel Öl plus Öl zum Ausbacken

Für den Sirup:
250 g Blaubeeren
100 ml Ahornsirup

Französisch-amerikanische Freundschaft. Auch Ziegenkäseskeptiker mögen diese Pancakes.

In einer großen Schüssel Mehl, Zucker und Backpulver vermischen. Den gesamten Ziegenkäse in einen Messbecher kippen. Das Ziegenfrischkäsegefäß mit der Milch ausspülen (bei Laktoseintoleranz kann man auch Wasser verwenden) und Milch ebenfalls in den Messbecher kippen. Ei und Öl dazugeben und alles gut verrühren, wobei Klümpchen nicht schlimm sind. Nun den Inhalt des Messbechers in die Schüssel zum Mehl gießen und nur kurz umrühren. Wenn man den Teig zu stark rührt, gehen die Pancakes nicht mehr auf und werden statt luftig zäh. Nun von der Schüssel wieder alles in den Messbecher geben. Ich finde, der Teig lässt sich viel besser portionieren, wenn man ihn gießt und nicht löffelt.
Eine beschichtete Pfanne bei mittlerer Temperatur vorheizen und immer 4 Pancakes gleichzeitig backen. Pancakes ca. 2–3 Minuten auf einer Seite backen und erst wenden, wenn sich Bläschen bilden. Dann 1 Minute auf der anderen Seite fertig backen.
Für den Sirup Blaubeeren und Ahornsirup in einem kleinen Topf zum Kochen bringen. Bei geringer Temperatur Sirup für 5 Minuten weiterköcheln lassen, sodass die meisten Blaubeeren platzen. Sirup in eine Sauciere gießen und für die Pancakes bereithalten. Sirup über die Pancakes gießen und genießen!

Dutch Baby

TEIG FÜR 1 DUTCH BABY

50 g Butter
60 g Mehl
3 Esslöffel Zucker
1 Prise Salz
120 ml Milch (Zimmertemperatur)
2 große Eier
100 g Johannisbeeren, vom Stiel befreit
1 Esslöffel Puderzucker

MAMA-TIPP:

Seid experimentierfreudig! Es eignet sich jede Art von Beeren. Im Winter könnt ihr auch auf tiefgefrorene Beeren zurückgreifen. Diese dann in ein bisschen Mehl wenden, bevor ihr sie in den Teig gebt. Beeren passen hervorragend zu dem „Dutch Baby", aber ihr könnt es auch pur – mit frischem Zitronensaft beträufelt – genießen.

Das „Dutch Baby" siedelt sich irgendwo zwischen Pfannkuchen und Clafoutis an. Das Besondere ist, dass der Teig nicht gerührt, sondern gemixt wird und dass wir das Ganze im Ofen backen statt in der Pfanne. Mit seinem dramatisch aufgepufften Rand macht es mächtig was her und ist das ideale Frühstück fürs Wochenende.

Ofen auf 220 °C vorheizen. Butter in einer gusseisernen Pfanne schmelzen. 1 Esslöffel von der flüssigen Butter in eine hohe Rührschüssel geben. Die gusseiserne Pfanne in den Ofen setzen, um sie heiß werden zu lassen.
In das Gefäß mit der Butter Mehl, 2 Esslöffel Zucker, Salz, Milch und Eier hinzufügen und mit einem Stabmixer alles mindestens 30 Sekunden lang mixen. Teig beiseitestellen. In der Zwischenzeit in einer mittleren Schüssel Johannisbeeren mit dem übrigen Esslöffel Zucker vermischen. Sobald der Ofen 220 °C erreicht hat, den Teig in die Pfanne gießen und die Hälfte der Johannisbeeren darübergeben. Für 12–15 Minuten backen. Mit Puderzucker bestäuben und mit den restlichen Johannisbeeren servieren. Lasst es euch schmecken!

Sam Sam – koreanische Salattaschen

FÜR 4 PERSONEN

2 Tassen Rundkornreis (ca. 420 g), z. B. Milchreis oder Risottoreis
3 Tassen Wasser (ca. 750 ml)
1 Salatkopf
Schnittlauch oder Frühlingszwiebeln
3 Möhren
1 Esslöffel Olivenöl
1 Teelöffel Sojasauce
Salz
3 Teelöffel Sesamöl
2 Teelöffel Sesam
3 Teelöffel Misopaste
1 Teelöffel Kochu Chang (koreanische Paprikapaste)
1 Teelöffel Zucker

Ich glaube, wenn man Kinder hat, kocht man für sie automatisch seine eigenen Kindheitslieblingsgerichte. In meinem Fall waren das neben „French Toast" und „Spaghetti mit buttriger Tomatensauce" diese koreanischen Salattaschen. Meine Mutter hat sie sehr oft gemacht. Sie sind im Handumdrehen hergestellt. Normalerweise bin ich kein Fan von extra Küchengeräten. Ich finde, mit den eigenen zwei Händen und einem Messer kommt man schon ziemlich weit, aber beim Reiskocher muss ich leider eine Ausnahme machen.

Reis mit Wasser im Reiskocher aufsetzen und den Reis gar kochen. In der Zwischenzeit den Salat waschen und die Blätter mit Schnittlauch bzw. Frühlingszwiebeln auf einem Teller anrichten. Die Möhren schälen und in feine Stifte schneiden. In einer Pfanne das Olivenöl erhitzen und die Möhren bei mittlerer Hitze 3–5 Minuten anbraten. Mit Sojasauce ablöschen und mit Salz abschmecken. In eine Schüssel geben und mit 1 Teelöffel Sesamöl beträufeln und mit 1 Teelöffel Sesamsamen bestreuen. Zu dem Salat stellen.
In einer kleinen Schüssel Misopaste, Kochu Chang, Zucker, Sesamöl und 1 Teelöffel Sesam vermischen und zur Seite stellen. Wenn der Reis fertig ist, aus den Salatblättern kleine Taschen formen, in die man Gemüse, Kräuter, Sauce und Reis füllt.

Auberginen-Parmigiana *(für Bequeme!)*

FÜR 6 PERSONEN

4 Auberginen (ca. 1,25 kg)
100 ml Olivenöl plus zwei Esslöffel
Salz und Pfeffer
500 ml Tomatensauce
80 g Parmesan, gerieben
250 g Mozzarella
40 g Pankomehl (aus dem Asiamarkt) oder normales Paniermehl

Auberginen-Parmigiana zählt im Italienurlaub zu meinen absoluten Top Five. Der langsam geschmorte, reichhaltige Gemüseauflauf hat es mir einfach angetan. Für zu Hause habe ich mir eine weniger aufwendige Alternative überlegt. Und das Tolle ist, der Auflauf lässt sich super vorbereiten! Wenn dann alle Hunger haben, wird er einfach für eine halbe Stunde in den Ofen geschoben und fertig.

Backofen auf 200 °C vorheizen. Auberginen vom Strunk befreien und längs in 1 cm dicke Scheiben schneiden. Zwei Backbleche mit Backpapier auslegen und Auberginenscheiben darauf verteilen. Mit Olivenöl bepinseln und großzügig salzen und pfeffern. Für 20 Minuten im Ofen goldbraun und weich rösten. Auberginen aus dem Ofen holen und leicht abkühlen lassen. Den Boden einer Auflaufform (25 x 12–15 cm) mit Tomatensauce bedecken. Mit Parmesan bestreuen, Auberginen darauf verteilen und ein paar Stücke Mozzarella darüberzupfen. Vorgang wiederholen, bis alle Zutaten aufgebraucht sind. Mit der Sauce abschließen. Zuletzt Pankomehl mit 2 Esslöffeln Olivenöl mischen und auf der Tomatensauce verteilen. Für weitere 30 Minuten im Ofen goldbraun backen. Das Gericht ist ziemlich reichhaltig, ein einfacher knackiger grüner Salat bildet die perfekte Begleitung.

Fischstäbchen

FÜR 2 PERSONEN

Für die Fischstäbchen:
350 g Fisch, z. B. Kabeljau oder Seelachs
Salz
4 gehäufte Esslöffel Mehl
1 Ei
60 g Pankomehl (aus dem Asiamarkt), alternativ Paniermehl
Öl zum Braten
Mayonnaise nach Belieben

Für den Spinat:
400 g tiefgekühlter Blattspinat
100 g Sesam, geröstet
5 Esslöffel Sojasauce plus mehr zum Servieren
50 g Zucker
2 Esslöffel Wasser

MAMA-TIPP:

Wenn die Zeit knapp ist, könnt ihr beruhigt aufatmen. Sesamspinat und Sojasauce schmecken auch mit den guten alten Fischstäbchen aus dem Tiefkühlregal ganz lecker.

Der Klassiker unter den Kindertellern! Hier frisch zubereitet mit Pankomehl. Dadurch werden sie unwahrscheinlich knusprig. Ich habe meine Fischstäbchen schon als Kind gern mit Sojasauce gegessen. Passt hervorragend. Und da wir uns eh grad im asiatischen Raum bewegen, bekommt der Spinat statt einem „Blubb" eine leckere Sesamsauce.

Spinat in einem mittelgroßen Topf bei geringer Hitze langsam auftauen und erhitzen. Für die Sauce den Sesam, Sojasauce, Zucker und Wasser in ein hohes Gefäß geben und mit dem Pürierstab zu einer homogenen Paste verarbeiten. Je nach Geschmack 2–3 Esslöffel der Paste unter den warmen Spinat mischen. Blattspinat für das Kind eventuell klein schneiden.
Fisch sorgfältig entgräten und trocken tupfen. Dann in Streifen schneiden (1,5 cm x 7 cm) und rundherum salzen. Mehl, Ei und Pankomehl jeweils in einen tiefen Teller geben. Das Ei mit der Gabel verquirlen. Fischstücke zuerst in Mehl wälzen, leicht abklopfen, danach durch das Ei und dann durch die Pankobrösel ziehen.
Öl in der heißen Pfanne erhitzen und Fischstücke darin goldgelb braten. Auf Küchenkrepp oder Zeitungspapier abtropfen lassen. Leicht salzen und mit Spinat, Sojasauce, Mayonnaise und noch mehr Sesampaste servieren. Dazu passen Reis oder – natürlich um der guten alten Zeiten willen – ein klassischer Kartoffelbrei.

Avocado-Pasta

FÜR 2 PERSONEN

200–240 g Spaghetti
1 reife Avocado
½ Zitrone
1 kleine Handvoll Minzblättchen, gezupft
Salz
Parmesan nach Belieben
Pfeffer

Gehören eure Kinder auch zu denjenigen, die, seitdem sie essen, am liebsten jeden Tag eine halbe Avocado verdrücken würden? Wenn ja, dann ist dieses superschnelle, gesunde Mittagessen die logische Fortsetzung. Und alle, deren Kinder nicht zu den überzeugten Avocado-Fans gehören, sollten das Rezept trotzdem mal ausprobieren. Denn Nudeln und Parmesan tun ihr Übriges.

Nudeln nach Packungsanleitung in leicht gesalzenem, kochendem Wasser al dente kochen. Avocado halbieren und Stein entfernen. Fruchtfleisch in ein hohes Gefäß löffeln. Zitronensaft, Minze und Salz hinzufügen. Mit dem Pürierstab zu einer glatten Creme verarbeiten. Nudeln abgießen und dabei eine Tasse von dem Nudelwasser auffangen. Avocadocreme unter die Nudeln ziehen. Dabei so viel von dem Nudelwasser hinzufügen, bis alle Nudeln geschmeidig von der Sauce überzogen sind. Auf Teller verteilen. Mit Parmesan und – wer mag (wahrscheinlich die Erwachsenen) – mit frischem Pfeffer servieren.

Lammburger *mit* Minze, Feta *und* Blitzfritten

FÜR 8 KLEINE BURGER

Für die Blitzfritten:
500 g kleine Kartoffeln
100 ml Öl
Salz

Für die Burger:
700 g Lammhack
Salz
8 kleine Mürbchen oder Brioche-Brötchen
2 Esslöffel Öl
6 Zweige Minze
4 Esslöffel glatte Petersilie, gehackt
200 g griechischer Joghurt
1 kleine Knoblauchzehe
Optional: 2 Esslöffel Granatapfelkerne
150 g Fetakäse
8 Cherrytomaten, in Scheiben geschnitten
1 Handvoll Feldsalat

MAMA-TIPP:

Drückt die Patties nur so viel zusammen, dass sie gerade so zusammenhalten. Alles andere macht sie nachher nur fest und zäh. Zugegeben, es ist dann nicht ganz so einfach, sie beim Braten zu wenden. Aber der Aufwand lohnt sich.

Hier ist Rumsauen erlaubt. Auch bei Mama und Papa. Und die Blitzfritten sind supercrunchy und superlecker. Tausendmal besser als die Tiefkühlvariante und macht dabei nicht mehr Aufwand oder braucht mehr Zeit. Unbedingt mal ausprobieren.

Kartoffeln in eine feste Tüte legen und mit einer schweren Pfanne daraufhauen, bis die Kartoffeln zerdrückt sind. Die gusseiserne Pfanne auf den Herd stellen und Öl darin erhitzen. Kartoffeln hinzugeben und bei mittlerer Hitze und geschlossenem Deckel 6–8 Minuten braten, bis sie weich sind. Für den „Extracrunch" Fritten die letzten 2 Minuten ohne Deckel braten. Auf Küchenkrepp geben und ausgiebig salzen.
Lammhack großzügig mit Salz würzen und vorsichtig zu 8 kleinen „Patties" formen. Ich mag sie ziemlich hoch und dick, aber das ist Geschmackssache. Mürbchen auf einem Toaster erwärmen. Eine gusseiserne Pfanne mit Öl erhitzen und die Patties bei mittlerer Hitze ca. 2–3 Minuten anbraten, bis sich eine schöne dicke Kruste gebildet hat. Vorsichtig wenden und 1 weitere Minute auf der anderen Seite braten. Mürbchen quer durchschneiden und die Unterseite mit je einem Pattie belegen. So kann der Fleischsaft in das Brot einziehen.
4 Minzzweige grob hacken und in einer kleinen Schüssel zusammen mit Petersilie, Joghurt und Kräutern vermischen. Knoblauchzehe schälen und in den Joghurt reiben. Alles verrühren und mit Salz abschmecken. Wer möchte, kann jetzt die Granatapfelkerne hinzugeben.
Patties mit einem Esslöffel der Joghurtcreme toppen. Feta darüberkrümeln und mit Tomaten und Salat belegen. Die Brötchenoberseite darauflegen und den Burger sofort mit den Blitzfritten genießen. Macht eine Sauerei, aber so schmeckt es auch am besten.

Grünes Curry *aus dem* „Tiefkühlgarten“

FÜR 4 PERSONEN

2 Tassen Basmatireis
3 ½ Tassen Wasser

Für die Currypaste:
(alternativ 4 Esslöffel gekaufte Currypaste):
5 Stängel Koriander
½ milde grüne Chili, mehr oder weniger je nach Geschmack
1 daumengroßes Stück Ingwer
5 Stängel Zitronengras (das weiche Innere von drei Stängeln für die Paste plus zwei Stängel zerdrückt in ganzer Länge)
6 Kaffirlimettenblätter
1 mittelgroße Zwiebel, geschält und geviertelt
3 Knoblauchzehen, geschält
1 Teelöffel Shrimppaste

Für das Curry:
400 ml Kokosnussmilch
Optional: 1 Esslöffel Curryblätter
200 ml Brühe
200 g Bohnen
250 g Zucchini
100 g Tiefkühlerbsen
1 Teelöffel Zucker
1 Esslöffel Fischsauce
Salz
1 Handvoll Minze, Koriander oder Thai-Basilikum

Zugegeben, die Zutatenliste wirkt etwas einschüchternd. Aber hat man die Zutaten im Asiamarkt erst mal geholt, geht alles „ratzfatz“. Der Vorteil davon, sich seine eigene Currypaste herzustellen, liegt nicht nur darin, dass man sich dabei unverschämt „profimäßig“ vorkommt, sondern auch darin, dass man sich seinen eigenen Schärfegrad aussuchen kann. Nicht ganz unwichtig, wenn die Kleinen mitessen.

Reis in einem Reiskocher oder einem Topf mit Wasser nach Packungsanleitung gar kochen. Korianderblätter abzupfen und einige zum Servieren beiseitestellen. Die Stängel in ein hohes Gefäß geben. Chili, Ingwer, das weiche Innere von 3 Zitronengrasstängeln, 3 Kaffirlimettenblätter, die restlichen Korianderblätter, Zwiebel, Knoblauch und Shrimppaste hinzufügen. Mit einem Pürierstab alles gut durchmixen.
Dose mit Kokosnussmilch vorsichtig öffnen. Nicht schütteln.
In einem Bräter die dickere obere Schicht der Kokosnussmilch erhitzen, die Currypaste und – falls gewünscht – die Curryblätter dazugeben. 5 Minuten bei mittlerer Hitze köcheln lassen und gelegentlich umrühren. Den Rest der Kokosnussmilch und die Brühe hinzufügen. Einmal aufkochen lassen und mit geschlossenem Deckel bei geringer Hitze 15 Minuten köcheln lassen, dabei gelegentlich umrühren und – falls nötig – etwas Wasser hinzugießen. Bohnen putzen und von den harten Enden befreien. Zucchini waschen und in sehr dünne Scheiben schneiden. Bohnen in den Bräter geben und 5 Minuten mitkochen lassen. Zucchini und Erbsen dazugeben und nur einmal kurz aufkochen lassen. Mit Zucker, Fischsauce und evtl. Salz abschmecken. Mit frischen Kräutern nach Wahl bestreuen und mit Reis servieren.

Hähnchen-Tortillas *mit* Koriander

FÜR 8 TORTILLAS

Für den Teig:
240 g Mehl plus mehr zum Bestäuben
1 Teelöffel Salz
½ Teelöffel Backpulver
60 g kalte Butter, in kleine Würfel geschnitten
160 ml warmes Wasser

Für die Füllung:
1 unbehandelte Zitrone
1 Esslöffel Sojasauce
1 Esslöffel Honig
400 g Hühnerbrust, in Streifen geschnitten
2 Teelöffel Olivenöl
3 Tomaten, in Würfel geschnitten
Salz und Pfeffer
120 g Queso Fresco oder Ricotta, zerkrümelt
½ Zwiebel, hauchdünn geschnitten
Korianderblätter nach Belieben
Limettensaft nach Belieben

MAMA-TIPP:

Wenn die Zeit knapp ist, kann man aber auch auf Tortillas aus dem Supermarkt zurückgreifen. Die muss man vor dem Füllen nur in der heißen Pfanne erhitzen. Dadurch erhalten sie mehr Geschmack.

Das interaktive Rollen am Tisch macht Spaß und jeder kann sich seine Tortilla so belegen, wie er mag.

In einer großen Schüssel Mehl, Salz und Backpulver mischen. Kalte Butter hinzufügen und alles mit den Händen vermengen, bis eine krümelige Masse entsteht. Wasser hinzugießen und erneut alles durchkneten, bis die Flüssigkeit vollständig aufgenommen wurde. Teig auf eine bemehlte Arbeitsfläche setzen und noch mal 3–5 Minuten durchkneten. Der Teig sollte nicht mehr kleben und schön elastisch sein.
Ein Blech mit Backpapier auslegen. Teig in 8 gleich große Stücke teilen und die Bällchen auf das Blech setzen. Mit einem trockenen Küchentuch abdecken und mindestens 30 Minuten ruhen lassen. Die Bällchen mithilfe eines Nudelholzes (eine Glasflasche geht auch) in dünne Fladen rollen und immer so viel mehlen, dass sie nicht kleben.
Zitrone in grobe Stücke schneiden. In einer Schüssel Sojasauce und Honig verrühren. Zitronenstücke und Hühnerbrust hinzugeben und 30 Minuten (falls die Zeit vorhanden ist) marinieren. In einer Pfanne bei mittlerer Hitze das Hähnchen mit 1 Teelöffel Olivenöl durch-, aber nicht trocken braten. In eine Schüssel füllen und beiseitestellen. In einer zweiten Schüssel die Tomaten mit dem verbliebenen Teelöffel Olivenöl vermischen. Mit Salz und Pfeffer abschmecken.
Eine Pfanne (am besten eine gusseiserne) sehr heiß werden lassen und die Tortillafladen nur 40–60 Sekunden pro Seite anbraten. Die warmen Fladen mit dem Hähnchen, dem Tomatenmix und einem Esslöffel Käse füllen. Zwiebelringe und frische Korianderblätter nach Belieben hinzufügen. Mit Limettensaft beträufeln. Essen.

Japanische Bologneses

FÜR 4 PERSONEN

1 Aubergine
6 Esslöffel Öl
1 mittlere Zwiebel
2 Knoblauchzehen
1 daumengroßes Stück Ingwer
500 g Rindfleisch, gehackt
100 ml Wasser
2 Esslöffel Mirin
4 Esslöffel weiße Misopaste
1-2 Esslöffel Zucker
100 g Tomaten, passiert
200 g Gurke
2 hart gekochte „7-Minuten-Eier“
500 g Ramen-Nudeln (Oriental Style Noodles) oder ganz normale Spaghetti
2 Esslöffel Sesam, geröstet

MAMA-TIPP:

Beim Abendessen kalkuliere ich immer mindestens 1 Portion mehr ein. Dann ist man beim nächsten Mittagessen gewappnet und kann ganz schnell hungrige Mäulchen stopfen.

Es gibt drei Arten von Bolognese: kurz geschmort mit Weißwein, lange geschmort mit Wurst, Speck, Fleisch und Rotwein und diese hier – die japanische Hackfleischsauce mit Misopaste. Dauert nicht lange, ist nicht kompliziert, schmeckt fantastisch und bringt einen Hauch von Exotik in die Alltagsküche.

Aubergine in 1 cm dicke Würfel schneiden. Öl in einem Bräter erhitzen und die Aubergine darin 5 Minuten bei mittlerer Hitze anbraten. Dabei gelegentlich umrühren. Zwiebel, Knoblauch und Ingwer schälen, fein hacken und zusammen mit der Aubergine für weitere 3 Minuten anbraten. Das Fleisch hinzugeben und unterrühren. In einer kleinen Schüssel Wasser mit Mirin, Misopaste, Zucker und Tomaten vermengen und zu dem Gemüse und Fleisch in den Bräter geben. Zugedeckt für 15 Minuten bei kleiner Hitze köcheln lassen. Dabei gelegentlich umrühren. Gurke in feine Streifen und Eier in kleine Würfel schneiden und zur Seite stellen. Kurz vor Ende der Garzeit Nudeln in reichlich Wasser nach Packungsanleitung al dente kochen. Nudeln abgießen und mit der Fleischsauce auf Teller verteilen. Mit Gurke, Ei und Sesam toppen. Lasst euch überraschen und guten Appetit.

NIGELLA EXPRESS

Eis-*und*-Keks-Sandwich

ERGIBT 9 KEKS-SANDWICHES

Für 18 Cookies, die 9 Sandwiches ergeben:
100 g Vollkornmehl
150 g Weizenmehl
½ Teelöffel Backpulver
½ Teelöffel Salz
200 g geschmolzene Butter, abgekühlt auf Zimmertemperatur
150 g brauner Zucker
50 g weißer Zucker
1 kaltes Ei
200 g Schokorosinen

Für die Füllung:
Verschiedene Eissorten nach Belieben, z.B. Vanille und Erdbeere

MAMA-TIPP:

Diese Cookies schmecken frisch gebacken einfach am besten. Deswegen backe ich immer nur so viele, dass sie auch zeitnah verputzt werden können. Den restlichen Teig schlage ich in Folie ein und lagere ihn im Tiefkühler. Dann heißt es beim nächsten Mal nur noch: Ofen an und los!

Ja, das gibt eine große Sauerei. Aber es macht mindestens genauso viel Spaß.

Ofen auf 180 °C vorheizen. In einer Schüssel beide Mehlsorten, Backpulver und Salz vermischen und beiseitestellen. In einem hohen Becher oder Gefäß Butter und beide Zuckerarten mit einem Rührgerät hell und schaumig schlagen, bis sich der Zucker aufgelöst hat. Das Ei hinzufügen und gut vermixen.
Die Mischung in die Mehlschüssel geben und vorsichtig unterrühren. Schokorosinen unter den Teig heben. Teig dritteln.
Backblech mit Backpapier auslegen. Das erste Teigdrittel wiederum in 6 Teile zerteilen und mithilfe eines Löffels häufchenweise aufs Backblech setzen. Dabei genug Platz zwischen den einzelnen Cookies lassen. Im Ofen für 10–12 Minuten backen. Wenn die Kekse aus dem Ofen kommen, sind sie noch weich. Das ist absolut erwünscht. Sobald sie abkühlen, werden sie fester, haben dann aber immer noch einen klebrig weichen Cookie-Kern. Mit den anderen beiden Teigdritteln genauso verfahren.
Die abgekühlten Cookies mit je einer Kugel Eis belegen und mit einem zweiten Cookie bedecken. Sandwiches sofort genießen.

Schwarzwälder Kirsch-Pavlova

FÜR 4–6 PERSONEN

Für die Pavlova:
4 Eiweiß
200 g feiner brauner Zucker
2 Teelöffel Speisestärke
2 Teelöffel entöltes Kakaopulver
3 Esslöffel Balsamicoessig

Für das Topping:
450 g Tiefkühlkirschen
1 Esslöffel Kirschmarmelade
(sorgt für einen schönen Glanz)
30 g Mandeln, geschält
200 g Schlagsahne
Einige Minzblättchen

Schwarzwälder Kirschtorte. Der deutsche Tortenklassiker schlechthin. Hier kommt er mal ganz anders um die Ecke. Frisch und unkompliziert, ohne dabei etwas von seinem „Wow-Faktor" einzubüßen. Statt des Kirschwassers verwende ich hier Balsamicoessig. Das ist kinderfreundlich und passt wunderbar zu Schokolade und zu Kirschen.

Ofen auf 120 °C vorheizen. In der großen Schüssel einer Küchenmaschine die Eiweiße steif schlagen. Nach und nach den braunen Zucker unterrühren, bis er sich aufgelöst hat.
1 Teelöffel Speisestärke mit Kakaopulver mischen und mit 1 Esslöffel Balsamicoessig unter den Eischnee rühren. Ein Backblech mit Backpapier auslegen und den Eischnee in Form eines großen Rechtecks (35 x 25 cm) darauf verteilen. Im Ofen auf mittlerer Schiene 45 Minuten backen.
Kirschen in einen mittleren Topf geben und zum Kochen bringen. Hitze reduzieren und vor sich hin köcheln lassen. Den übrig gebliebenen Teelöffel Speisestärke mit 2 Esslöffel Balsamicoessig mischen und unter Rühren in die Kirschen geben. Alles kurz aufkochen lassen und Kirschmarmelade untermengen. Zur Seite stellen und warm halten.
Mandeln grob hacken und in einer beschichteten Pfanne für 5 Minuten bei mittlerer Hitze goldbraun rösten. Schlagsahne halbsteif schlagen. Sahne und Kirschkompott auf der Schoko-Pavlova verteilen und mit Minze und Mandeln bestreuen.

Gesalzene Pistazien-Baisers *mit* Rhabarberkompott

ERGIBT 10 STÜCK

Für die Baisers:
4 Eiweiß
160 g Zucker
1 Teelöffel Essig
2 Teelöffel Stärke
100 g Pistazien, gehackt, plus mehr zum Bestreuen

Für das Kompott:
150 g Zucker
2 Esslöffel Wasser
600 g Rhabarber, in 1 cm dicke Stücke geschnitten
1 Vanilleschote
Schale von ½ Orange und ½ Zitrone
200 ml Sahne, geschlagen

MAMA-TIPP:

Durchgebackene, trockene Baisers halten sich gut verschlossen an einem trockenen, kühlen Ort eine halbe Ewigkeit.

Ich liebe Baisers. Sie sind so leicht herzustellen und belohnen mit ihrer Schönheit, die einen mit sehr viel Backstolz erfüllt. Eigentlich kann man Baisers mit Schlagsahne und jedem erdenklichen Obst genießen. Hier kommt Rhabarber zum Einsatz. Sehr frühlingshaft, aber in allen anderen Jahreszeiten gibt es ihn auch im Tiefkühlregal. Und das Rhabarberkompott gesellt sich nicht nur gern zu den Baisers. Nein, es schmeckt auch mit griechischem Joghurt zum Frühstück ganz fantastisch!

Ofen auf 150 °C vorheizen. Zwei Backbleche mit Backpapier auslegen. Die Eiweiße in der Küchenmaschine steif schlagen. Nach und nach den Zucker hinzugeben, bis die Masse weich und glänzend ist und der Zucker sich komplett aufgelöst hat. Zum Schluss Essig und Stärke unterrühren.
Pro Backblech je 5 Baiserhäufchen verteilen. Zwischen den einzelnen Baisers viel Platz lassen. In die Mitte eine kleine Mulde eindrücken, damit später die Toppings einen guten Halt haben. Mit Pistazien bestreuen und 1 Stunde backen.
In der Zwischenzeit das Kompott herstellen. Zucker mit Wasser in einem mittleren Topf bei hoher Temperatur zum Karamellisieren bringen. Wenn das Karamell gleichmäßig gebräunt ist, Rhabarber hinzugeben. Vanilleschote der Länge nach halbieren und das Mark sowie die Schote und die Orangen- und Zitronenschale hinzufügen. Ca. 15 Minuten bei niedriger Hitze köcheln lassen. Dabei gelegentlich umrühren. Schote herausnehmen. In eine Schale füllen und beiseitestellen.
Ofentür öffnen und Baisers kurz im Ofen auskühlen lassen. Abgekühlte Baisers mit geschlagener Sahne und dem Rhabarberkompott servieren.

Thymian-Ananas-Tarte

FÜR 6–8 PERSONEN

Für die Karamell-Ananas:

1 Ananas
50 g Butter
150 g Zucker
1 Prise Salz
1 Teelöffel Thymianblättchen plus mehr zum Servieren

Für den Kuchenteig:

200 g Mehl
1 Packung Backpulver
120 g Butter, Zimmertemperatur
150 g Zucker
2 Eier
60 ml Milch

MAMA-TIPP:

Äpfel statt Ananas und Rosmarin statt Thymian bilden auch ein echtes Dream-Team. Falls etwas übrig bleiben sollte, den Kuchen vor dem Verzehr leicht erwärmen. Direkt aus dem Kühlschrank schmeckt er lange nicht so gut.

Inspiriert vom amerikanischen Klassiker „Pineapple-up-side-down-cake". Herrlich „old school" und dank des Thymians in die Gegenwart geholt.

Ofen auf 160 °C vorheizen. Ananas schälen und der Länge nach am Strunk entlang in 4 Teile schneiden. Jedes der Teile wiederum in 0,4 cm dicke Scheiben schneiden, in Stücke zerteilen und diese beiseitelegen.
In einem kleinen Topf Butter und Zucker bei mittlerer Hitze karamellisieren lassen. Den Karamell in eine runde Kuchenform (am besten eignet sich eine aus Silikon) gießen und mit 1 Prise Salz und 1 Teelöffel Thymianblättchen bestreuen. Ananasstücke leicht überlappend ringförmig von innen nach außen in die Form legen. Übrig gebliebene Ananas in einem gut verschlossenen Behälter für einen anderen Zweck aufbewahren.
Für den Kuchenteig Mehl und Backpulver in einer Schüssel mischen. In einer zweiten Schüssel Butter und Zucker mit der Rührmaschine schaumig schlagen. Nach und nach Eier und Milch unterrühren. Vorsichtig das Mehl unterziehen, bis sich alles gerade so miteinander verbunden hat. Teig mithilfe eines Spatels oder Esslöffelrückens gleichmäßig über der Ananas verteilen. Im Ofen 35 Minuten lang backen. 20 Minuten auskühlen lassen und auf eine Kuchenplatte oder ein Brett stürzen. Ofenwarm schmeckt die Tarte am besten, also nichts wie ran!

Roter Saft

Es gibt Rote Bete, Kinder! Aber lecker, als Draculablut getarnt.

ERGIBT CA. 0,75 LITER

1 Gurke, Bio-Qualität, ansonsten bitte schälen
1 Rote Bete (ca. 350 g)
1 roter Apfel
3 Möhren
1 kleines Stück Ingwer

Gurke, Rote Bete, Apfel und Möhren im Entsafter entsaften. Kinderportionen in Gläser füllen. Für die Erwachsenenportion zum Schluss den Ingwer durch den Entsafter jagen. Saft nochmals umrühren und am besten sofort trinken.

Wassermelonen-Erdbeersaft

Sommer zum Trinken.

FÜR 1 GROSSES GLAS

500 g Wassermelone, gekühlt
250 g Erdbeeren
Einige Blätter frische Minze
Saft von ½ Limette

Wassermelone schälen und in grobe Stücke schneiden. Erdbeeren waschen, vom Strunk befreien und eventuell halbieren. Wassermelone und Erdbeeren zusammen mit Minzblättern in ein hohes Gefäß geben und mit dem Stabmixer so lange mixen, bis sich alles miteinander verbunden hat. Mit Limettensaft abschmecken und in Gläser füllen. Sofort genießen.

Cashewmilch

Bild auf S. 242 links unten. Eine cremige Abwechslung zur Mandelmilch. Pur, in Smoothies oder zum Backen. Cashewmilch wird einfach viel zu wenig getrunken.

ERGIBT CA. 0,75 LITER

150 g Cashews, ungeröstet und ungesalzen
800 ml Wasser
1–2 Esslöffel Agavendicksaft
1 Prise Salz

Cashews in ein hohes Gefäß geben und mit Wasser bedecken. Zugedeckt im Kühlschrank für mindestens 4 Stunden, besser noch über Nacht, einweichen lassen.
Wasser abgießen und Cashews in einen Mixer geben. Mit 400 ml Wasser auffüllen und alles glatt mixen. Weitere 400 ml Wasser und Agavendicksaft und Salz je nach Geschmack hinzufügen und wieder alles glatt mixen. Falls gewünscht, Milch durch ein – mit einem Mulltuch ausgelegtes – Sieb gießen, um alle Rückstände herauszufiltern. Mich stören sie allerdings nicht. Sobald man die Milch stehen lässt, setzen sich die nicht herausgefilterten Cashewpartikel von allein ab.

Himbeer-Limetten-Ayran

Bild auf S. 242 rechts unten. Herrlich erfrischend an einem warmen Sommertag.

FÜR 1 GROSSES ODER 2 KLEINE GLÄSER

200 g Joghurt
125 ml Wasser
70 g gefrorene oder frische Himbeeren
Saft von ½ Limette
1 Teelöffel Fruchtzucker

In ein hohes Gefäß Joghurt, Wasser, Himbeeren, Limettensaft und Fruchtzucker geben. Mit dem Stabmixer pürieren und sofort genießen.

Crudités *für* unterwegs

Das Foto ist in einem Streichelzoo entstanden. Meine Tochter war besonders nett zu den Ziegen und so muss ich gestehen, dass die Tiere noch ein bisschen mehr davon hatten als ich und die Kleine.

GEMÜSE ODER OBST, WAS UND SO VIEL IHR WOLLT:

Für die Crudités:
Zur Auswahl:
Kürbis
Möhren
Fenchel
Tomaten
Gurke
Paprika
Apfel
Birne

Für die Zitronencreme:
150 g Crème fraîche
Saft von ½ Zitrone
1 Prise Zucker
1 Prise Salz

Gemüse und Obst waschen oder schälen, putzen, in Stifte schneiden und in eine Picknickbox geben.
Für die Zitronencreme alle Zutaten in ein Weckglas geben. Gut den Deckel verschließen und durchschütteln. Kann so eingepackt werden. Jetzt nur noch die Gemüse- und Obststifte nach Lust und Laune in den Dip tunken. Fertig.

MAMA-TIPP:

Eine Bekannte von mir setzt sich disziplinierterweise jeden Morgen zum Frühstück hin und schnippelt ihren Zwillingen eine große Tupperdose voll Obstsalat, den sie dann den Tag über snacken können. Ich finde das höchst bewundernswert, aber es macht auch Sinn, so einen Vorgang in die tägliche Routine einzubauen.

Register

AHORNSIRUP
Möhrenpfannkuchen mit Ahornjoghurt S. 204
Ziegenkäse-Pancakes mit Blaubeer-Ahornsirup S. 208
ANANAS
Grüner Saft S. 22
Viva Mexico S. 196
Thymian-Ananas-Tarte S. 238
ANIS
Mama-Babytee S. 90
APFEL
Grüner Saft S. 22
Birchermüesli S. 70
Roter Saft S. 242
APFELSAFT
Holunder-Apfelschorle S. 96
Supersmoothie und Frühstückstortilla S. 116
Blitzsorbets S. 186
APRIKOSE
Buchteln mit Kardamom-Aprikosen S. 104
Zitronen-Zimt-Couscous mit Aprikosenhuhn S. 132
AUBERGINE
Auberginen-Parmigiana (für Bequeme!) S. 214
Japanische Bolognese S. 228
AVOCADO
Smørrebrød S. 56
Avocado-Smoothie S. 70
Schokomole S. 140
Avocado-Pasta S. 218

BAISER
Mont Blanc S. 140
Eton Mess mit Johannisbeeren S. 142
Schwarzwälder Kirsch-Pavlova S. 234
Gesalzene Pistazien-Baisers mit Rhabarberkompott S. 236
BANANE
Zucchini-Bananen-Muffins S. 32
Banane im Speckmantel S. 42
Banoffee mit Malzschokolade S. 46
Bananen-Hafer-Malz-Shake S. 112
Supersmoothie und Frühstückstortilla S. 116
Bananenbrotpudding S. 182
Blitzsorbets S. 186
BASILIKUM
Basilikum-Limettenade S. 94
BEEREN
Birchermüesli S. 70
BETE
Borschtsch mit Lachs S. 20
Smørrebrød S. 56
Forelle mit bunter Bete und Wasabidressing S. 120
Roter Saft S. 242
BIRNE
Spanische Mandelsuppe S. 50
Smørrebrød S. 56
Birnen-Rosmarinschorle S. 96
Birnen-Dinkel-Pancakes S. 158
Kartoffelgnocchi mit Birne und Salbei S. 174
BLAUBEEREN
Ziegenkäse-Pancakes mit Blaubeer-Ahornsirup S. 208
BOHNEN
Grünes Curry aus dem „Tiefkühlgarten“ S. 224
BRATWURST
„Papa-delle“ mit Salsicciaragout S. 102
BRENNNESSEL
Mama-Babytee S. 90
BROMBEEREN
Polenta mit Sommerobst S. 156
BROT
Smørrebrød S. 56
Lammburger mit Minze, Feta und Blitzfritten S. 222
BULGUR
Türkische Joghurtsuppe S. 82

COUSCOUS
Zitronen-Zimt-Couscous mit Aprikosenhuhn S. 132
CURRY
Mandelhühnchen-Curry S. 100
Grünes Curry aus dem „Tiefkühlgarten“ S. 224

EI
Meine Carbonara S. 136
Frühstückspizza mit Ei S. 206
EIS
Eiscreme mit Snickerssauce S. 44
Eis-und-Keks-Sandwich S. 232
ERBSEN
Erbsen-Minze-Frittata S. 122
Grünes Curry aus dem „Tiefkühlgarten“ S. 224
ERDBEEREN
Wassermelonen-Erdbeersaft S. 242

FENCHEL
Im Ofen geschmorte Kartoffel-Fenchelpfanne S. 78
Mama-Babytee S. 90
Gemüse-Galette mit geschmortem Fenchelsalat S. 124
FISCH UND MEERESFRÜCHTE
Borschtsch mit Lachs S. 20
Reisnudelsuppe mit Garnelen und Limette S. 24
Smørrebrød S. 56
Tandoori-Lachs mit Gurken-Kartoffelsalat S. 134
Forelle mit bunter Bete und Wasabidressing S. 120
Fischstäbchen S. 216

Register

GEBACKENES
Zucchini-Bananen-Muffins S. 32
Zitronenkuchen S. 62
Buchteln mit Kardamom-Aprikosen S. 104
Schokoladentarte S. 106
Kartoffel-Scones S. 114
Gruyère-Omelett mit Sojapilzen S. 118
Erbsen-Minze-Frittata S. 122
Gemüse-Galette mit geschmortem Fenchelsalat S. 124
Birnen-Dinkel-Pancakes S. 158
Bananenbrotpudding S. 182
Möhrenpfannkuchen mit Ahornjoghurt S. 204
Frühstückspizza mit Ei S. 206
Ziegenkäse-Pancakes mit Blaubeer-Ahornsirup S. 208
Dutch Baby S. 210
Eis-und-Keks-Sandwich S. 232
Thymian-Ananas-Tarte S. 238

GRIESS
Stillkugeln S. 84

GURKE
Vietnamesischer Gurkensalat S. 18
Grüner Saft S. 22
Smørrebrød S. 56
Tandoori-Lachs mit Gurken-Kartoffelsalat S. 134
Grüne Welle S. 194
Japanische Bolognese S. 228
Roter Saft S. 242

HAFERFLOCKEN
Birchermüesli S. 70
Bananen-Hafer-Malz-Shake S. 112
Porridge mit Sahne und Pflaumenkompott S. 160
Möhrenuntereinander mit „falschem Hasen“ S. 172

HIMBEEREN
Supersmoothie und Frühstückstortilla S. 116
Himbeer-Limetten-Ayran S. 244

HOLUNDER
Holunder-Apfelschorle S. 96

HONIG
Honig-Pfefferschorle S. 94
Griechischer Joghurt mit Honig und Nüssen S. 142

HUHN
Mildes Huhn mit Congee S. 54
Hühnerbrühe S. 72
Zitronen-Zimt-Couscous mit Aprikosenhuhn S. 132
Hähnchen-Laab mit Klebreis S. 162
Hähnchen-Tortillas mit Koriander S. 226

INGWER
Hausgemachtes Ginger Ale mit Malzbier S. 90

JOGHURT
Türkische Joghurtsuppe S. 82
Mango-Maracuja-Lassi S. 92
Supersmoothie und Frühstückstortilla S. 116
Eton Mess mit Johannisbeeren S. 142
Griechischer Joghurt mit Honig und Nüssen S. 142
Möhrenpfannkuchen mit Ahornjoghurt S. 204
Himbeer-Limetten-Ayran S. 244

JOHANNISBEEREN
Eton Mess mit Johannisbeeren S. 142
Dutch Baby S. 210

KAKI
Blitzsorbets S. 186

KARAMELL
Banoffee mit Malzschokolade S. 46
Heiße Karamellschokolade S. 146
Bananenbrotpudding S. 182

KARDAMOM
Buchteln mit Kardamom-Aprikosen S. 104

KARTOFFEL/SÜSSKARTOFFEL
Pellkartoffeln mit Kräuterquark S. 52
Smørrebrød S. 56
Hühnerbrühe S. 72
Im Ofen geschmorte Kartoffel-Fenchelpfanne S. 78
Kartoffel-Scones S. 114
Erbsen-Minze-Frittata S. 122
Tandoori-Lachs mit Gurken-Kartoffelsalat S. 134
Möhrenuntereinander mit „falschem Hasen“ S. 172
Kartoffelgnocchi mit Birne und Salbei S. 174
Zweierlei Kartoffelpüree mit Lammschmortopf S. 178
Lammburger mit Minze, Feta und Blitzfritten S. 222

KÄSE
Smørrebrød S. 56
Pesto Pasta S. 74
Gruyère-Omelett mit Sojapilzen S. 118
Piadina mit Parmaschinken und Mozzarella S. 126
Risotto mit Kürbis, Mascarpone und Salbei S. 164
Ziegenkäse-Pancakes mit Blaubeer-Ahornsirup S. 208
Auberginen-Parmigiana (für Bequeme!) S. 214
Lammburger mit Minze, Feta und Blitzfritten S. 222

KIRSCHEN
Blitzsorbets S. 186
Schwarzwälder Kirsch-Pavlova S. 234

Register

KIWI
Blitzsorbets S. 18
KOHL
Grüner Saft S. 22
KOKOSNUSS
Avocado-Smoothie S. 70
Kürbis-Klebreis mit Kokosschaum S. 184
Kokosmilchreis mit Pistazien und Mango S. 188
KORIANDER
Hähnchen-Tortillas mit Koriander S. 226
KUMIN
Linsensuppe mit Kumin und gebrannter Butter S. 36
KÜMMEL
Stillkugeln S. 84
Mama-Babytee S. 90
KÜRBIS
Gemüse-Getreideeintopf mit Kalb S. 86
Kürbis-Latte mit Gewürzen S. 144
Risotto mit Kürbis, Mascarpone und Salbei S. 164
Gebackener Kürbis mit Wildreis-Rosinenfüllung S. 176
Kürbis-Klebreis mit Kokosschaum S. 184

L

LAMM
Zweierlei Kartoffelpüree mit Lammschmortopf S. 178
Lammburger mit Minze, Feta und Blitzfritten S. 222
LAUCH
Hühnerbrühe S. 72
LIMETTE
Reisnudelsuppe mit Garnelen und Limette S. 24
Basilikum-Limettenade S. 94
LINSEN
Linsensuppe mit Kumin und gebrannter Butter S. 36

M

MAIS
Knusprige Polenta mit geschmorten Tomaten S. 30
MALZ
Banoffee mit Malzschokolade S. 46
Hausgemachtes Ginger Ale mit Malzbier S. 90
Bananen-Hafer-Malz-Shake S. 112
MANDARINEN
Mandarinen-Cocktail S. 196
MANDELN
Spanische Mandelsuppe S. 50
Stillkugeln S. 84
Mandelhühnchen-Curry S. 100
Schwarzwälder Kirsch-Pavlova S. 234
MANGO
Mango-Maracuja-Lassi S. 92
Spinat-Mango-Smoothie mit Chia S. 154
Blitzsorbets S. 186
Kokosmilchreis mit Pistazien und Mango S. 188
MARACUJA
Mango-Maracuja-Lassi S. 92
MARONEN
Mont Blanc S. 140
MATCHA
Matcha-Cappuccino S. 144
MELONE
Viva Mexico S. 196
Wassermelone-Erdbeersaft S. 242
MINZE
Erbsen-Minze-Frittata S. 122
MÖHRE
Hühnerbrühe S. 72
Gemüse-Getreideeintopf mit Kalb S. 86
Geschmorte Miso-Möhren mit Dinkelpasta S. 166
Möhrenuntereinander mit „falschem Hasen“ S. 172
Möhrenpfannkuchen mit Ahornjoghurt S. 204
Sam Sam – koreanische Salattaschen S. 212
Roter Saft S. 242
MUSKAT
Heiße Weiße mit Muskat S. 146

N

NEKTARINE
Polenta mit Sommerobst S. 156
NUDELN UND PASTA
Reisnudelsuppe mit Garnelen und Limette S. 24
Trüffel-Linguine S. 40
Pesto Pasta S. 74
„Papa-delle“ mit Salsicciaragout S. 102
Meine Carbonara S. 136
Geschmorte Miso-Möhren mit Dinkelpasta S. 166
Rohe Tomaten mit Penne S. 168
Avocado-Pasta S. 218
Japanische Bolognese S. 228
NÜSSE
Vietnamesischer Gurkensalat S. 18
Eiscreme mit Snickerssauce S. 44
Pesto Pasta S. 74
Griechischer Joghurt mit Honig und Nüssen S. 142
Cashewmilch S. 244

P

PAPRIKA
Gemüse-Getreideeintopf mit Kalb S. 86
PFLAUME
Porridge mit Sahne und Pflaumenkompott S. 160
PILZE
Gruyère-Omelett mit Sojapilzen S. 118
PISTAZIEN
Möhrenuntereinander mit „falschem Hasen“ S. 172
Kokosmilchreis mit Pistazien und Mango S. 188

Register

Gesalzene Pistazien-Baisers mit Rhabarberkompott S. 236

POLENTA
Knusprige Polenta mit geschmorten Tomaten S. 30
Polenta mit Sommerobst S. 156

QUARK
Pellkartoffeln mit Kräuterquark S. 52

QUINOA
Stillkugeln S. 84
Gemüse-Getreideeintopf mit Kalb S. 86

REIS
Mildes Huhn mit Congee S. 54
Mandelhühnchen-Curry S. 100
Hähnchen-Laab mit Klebreis S. 162
Risotto mit Kürbis, Mascarpone und Salbei S. 164
Gebackener Kürbis mit Wildreis-Rosinenfüllung S. 176
Kürbis-Klebreis mit Kokosschaum S. 184
Kokosmilchreis mit Pistazien und Mango S. 188
Sam Sam – koreanische Salattaschen S. 212
Grünes Curry aus dem „Tiefkühlgarten“ S. 224

RHABARBER
Rosarot S. 194
Gesalzene Pistazien-Baisers mit Rhabarberkompott S. 236

RIND
Gemüse-Getreideeintopf mit Kalb S. 86
Möhrenuntereinander mit „falschem Hasen“ S. 172
Japanische Bolognese S. 228

ROSMARIN
Birnen-Rosmarinschorle S. 96

SALAT
Sam Sam – koreanische Salattaschen S. 212

SALBEI
Risotto mit Kürbis, Mascarpone und Salbei S. 164
Kartoffelgnocchi mit Birne und Salbei S. 174

SARDELLEN
Gegrillter Spargel mit Sardellenbutter S. 28

SCHINKEN/SPECK
Banane im Speckmantel S. 42
Kartoffel-Scones S. 114
Piadina mit Parmaschinken und Mozzarella S. 126
Meine Carbonara S. 136

SCHOKOLADE/KAKAO
Eiscreme mit Snickerssauce S. 44
Banoffee mit Malzschokolade S. 46
Schokoladentarte S. 106
Schokomole S. 140
Heiße Karamellschokolade S. 146
Heiße Weiße mit Muskat S. 146

SELLERIE
Grüner Saft S. 22
Hühnerbrühe S. 72

SPARGEL
Gegrillter Spargel mit Sardellenbutter S. 28

SPINAT
Spinat-Mango-Smoothie mit Chia S. 154
Fischstäbchen S. 216

STEAK
Das perfekte Steak plus Heirloom-Tomatensalat S. 130

SULTANINEN
Mandelhühnchen-Curry S. 100
Zitronen-Zimt-Couscous mit Aprikosenhuhn S. 132
Gebackener Kürbis mit Wildreis-Rosinenfüllung S. 176

THYMIAN
Thymian-Ananas-Tarte S. 238

TOMATE
Knusprige Polenta mit geschmorten Tomaten S. 30
Gemüse-Getreideeintopf mit Kalb S. 86
Das perfekte Steak plus Heirloom-Tomatensalat S. 130
Rohe Tomaten mit Penne S. 168
Auberginen-Parmigiana (für Bequeme!) S. 214
Japanische Bolognese S. 228

TORTILLA
Supersmoothie und Frühstückstortilla S. 116
Piadina mit Parmaschinken und Mozzarella S. 126
Hähnchen-Tortillas mit Koriander S. 226

TRÜFFEL
Trüffel-Linguine S. 40

ZIMT
Zitronen-Zimt-Couscous mit Aprikosenhuhn S. 132

ZITRONE
Zitronenkuchen S. 62
Zitronen-Zimt-Couscous mit Aprikosenhuhn S. 132

ZUCCHINI
Zucchini-Bananen-Muffins S. 32
Gemüse-Getreideeintopf mit Kalb S. 86
Grünes Curry aus dem „Tiefkühlgarten“ S. 224

DIE AUTORIN

Hannah Schmitz ist Autorin, Grafikerin und Food-Bloggerin (www.hannahschmitz.de) mit asiatischen und rheinländischen Wurzeln. Bekannt wurde sie durch diverse Kochshows wie *Das Perfekte Dinner, Unter Volldampf* und *Kochchampion*. 2011 zog sie mit ihrem Mann nach New York und arbeitete dort als Food Consultant. Zur Geburt ihres ersten Kindes kehrten sie 2013 zurück nach Europa. Derzeit lebt sie mit Mann und Tochter Ava in Zürich. Dort kocht sie, probiert, fotografiert und isst sich glücklich – und freut sich auf ihr zweites Kind!

IMPRESSUM

Streitfeldstraße 35, 81673 München
www.callwey.de E-Mail: buch@callwey.de

Bibliografische Information der Deutschen Nationalbibliothek
Die Deutsche Nationalbibliothek verzeichnet diese Publikation in der Deutschen Nationalbibliografie; detaillierte bibliografische Daten sind im Internet über <http://dnb.d-nb.de> abrufbar.

ISBN 978-3-7667-2167-9

Projektleitung: Tina Freitag
Lektorat: Büro Anne Funck, München
Umschlaggestaltung: Hannah Schmitz/Stefanie Wawer (Gramisci Editorialdesign)

Bildnachweis: Alle Bilder, auf denen die Autorin zu sehen ist, wurden von Maksim Shdan (S. 2, 4, 9, 14, 108, 110, 128, 138, 152, 170, 180, 185, 190, 198, 202, 220, 240, 248, 254), Tristan Schmitz (S.12, 70, 90, 147), Clemens Toups (S. 113) und Sabine Bresser (S. 64) aufgenommen.
Alle anderen Bilder: © Hannah Schmitz

Foodstyling: Hannah Schmitz
Layout und Satz: Hannah Schmitz
Einband Illustration: Hannah Schmitz/Clemens Toups
Druck und Bindung: PHOENIX PRINT GmbH, Würzburg

Printed in Germany 2015

HINWEIS

DANK

Zuallererst gilt mein Dank meiner Tochter Ava. Ohne dich hätte ich dieses Buch nicht gemacht. Du bist mein kleines Wunder und das Beste, das mir passieren konnte. Danke Tristan, dass du immer an mich geglaubt hast, für deine Kritik, deine Ehrlichkeit, deine Geduld, deine leidenschaftliche Unterstützung und Liebe. Du bist der Mann an meiner Seite und ich kann mich immer auf dich verlassen.

Danke meiner ganzen Familie, die mich liebt und immer unterstützt: Ich danke meiner Mama dafür, dass sie die Mama ist, die sie ist, und mich mit zu dem gemacht hat, was ich bin. Danke Papa dafür, dass du mir so oft den Rücken freigehalten hast und mich immer wieder auf den Boden der Tatsachen holst. Danke Eia-Omi und Echo-Omi für eure kulinarische Prägung. Danke Eia-Omi, dass du mir bei diesem Buch immer mit Rat und Tat zur Seite standest. Danke Oma Molle für deine Verlässlichkeit und deinen Einsatz. Danke Berit Kraft, du hast mich als Hebamme durch die aufregendste Zeit meines Lebens geführt und mir dabei immer Vertrauen vermittelt. Danke für alle deine Anregungen und wertvollen Tipps bei diesem Projekt. Danke auch an Prof. Dr. Schauseil für all die wichtigen Infos rund um die Ernährung von Schwangeren. Dank an Maksim Shdan für die wunderschönen atmosphärischen Fotos, danke Mike Tyle für das tolle Styling und danke Kira Suckow für das schöne Hairstyling & Make-up. Danke Tim Neiser für deinen Spontaneinsatz. Danke Diana Yen, dass du mir die Chance gegeben hast, das zu tun, was ich wirklich will. You are always on my mind. Danke Stephan Brammen, Reni, Alex und Reuven dafür, dass ihr immer euer Wissen und Können mit mir geteilt habt. Ich habe so viel von euch gelernt. Danke Prof. Uwe Reinhardt, dass du mich mit deiner Zuversicht durchs Studium begleitet hast. Danke Yvonne – irgendwie hast du und dein Projekt „Aus Liebe zum Kochen“ den Stein ins Rollen gebracht. Danke Frau Dr. Marcella Prior-Callwey dafür, dass Sie von Anfang an an das Buch geglaubt haben. Danke Tina Freitag für die unkomplizierte, sympathische und professionelle Zusammenarbeit und danke Frau Funck für Ihr gründliches Lektorat mit viel Fingerspitzengefühl. Ich danke all meinen Freunden dafür, dass sie immer an mich geglaubt haben. Danke Susanne, Agnieszka, Lea, Parissa, Binchen, Laura, Ly und alle, die ich jetzt hier vergessen habe. Danke an Rafaela, Ginette, Christina aus Seefeld, Christina aus München, Kaddie, Danica, Verena und Bianca für den selbstverständlichen und ehrlichen Mama-Austausch. Ihr alle habt das Buch zu dem gemacht, was es ist. Merci!